学校の感染症対策

改訂増補版

福岡市社会福祉事業団医療主幹／小児科医　宮崎千明　監修
白鷗大学教育学部教授
岡田晴恵　著

東山書房

・感染症の潜伏期間については個人差もあり、また文部科学省や厚生労働省等で示されている期間においても誤差があるため、臨床的判断から妥当と思われる日数を記載してあります。各学校や幼稚園、保育所等の現場においては、学校医等と相談の上、対応を協議してください。
・各感染症の説明の中で「特に注意したい年齢」を図示していますが、本書が学校や幼稚園、保育所で活用されることを想定して 20 歳までとしています。また、これは必ずしも「好発年齢」と一致するものではありませんので、対応の際の目安とお考えください。
・保護者用の配布資料は、現実的な必要性等を鑑み、省いている感染症もあります。ご了承ください。

※本書は 2019 年 3 月に発行された『学校の感染症対策 改訂版』に「新型コロナウイルス感染症」を加筆した増補版です。

はじめに

学校や幼稚園、保育所は、うつる病気（感染症）の流行しやすい場所です。ひとたび、原因となるウイルスや細菌、真菌などの病原体が教育現場に侵入すると、児童生徒、園児はもとより、教職員自身も感染し、ときに発症してしまうこともあります。教育活動を守り、健康を保つためにも、この感染症の流行を小さくし、健康被害を最小限度としなければなりません。このため、学校保健安全法施行規則で定められた内容で、学校長は出席停止を指示し、また適切な対応を求められます。しかし、教職員は日々の忙しい業務をこなしながら、これらの感染症の予防や対策にも向き合っていかねばならないのが現実です。

そこで本書は学校で流行を起こしやすい、また予防すべき感染症の多くを網羅して取り上げ、忙しい学校現場でもすぐに調べられるように50音順に並べて記載しました。また、学校保健安全法での取り扱いや出席停止等の情報も明記し、その感染症の潜伏期間や症状、治療内容なども示しました。さらに、感染経路を示し、それに対応した予防対策も書いています。ワクチンや治療薬のある場合には、それらも取り上げています。

そして、保護者に配布する「お便り」を各疾患ごとに作成して、そのまま配布できるように掲載しました。お便りには、その感染症の説明、予防、出席停止期間の基準などの基本的な情報が書かれています。このお便りを円滑に保護者に提供することで、発生した感染症の予防対策への家庭での協力を得られやすくなると考えています。また、これらのデータは、付属のCD-ROMに収録していますのでご利用ください。

このように保護者が欲しい情報を速やかに提供するとともに、教育現場で教職員が取るべき対応をわかりやすく示すことを目標として本書を書きました。イラストを多用し、４コマのマンガを説明に加えたのもそのためです。

この『学校の感染症対策』第１版を出してから４年を経過し、定期予防接種などに関わる予防接種法や学校保健安全法施行規則の一部が改正され、保育所における感染症対策ガイドラインも2018年に６年ぶりに改訂されました。Hib感染症やＢ型肝炎等の定期接種や血液媒介感染症とその予防対策、また、結核患者に対する直接服薬確認療法（DOTS）の依頼先に学校が加わる等、これらの改正・改訂された内容を盛り込む必要が出てきました。これに加えて、現在の感染症の発生・流行の状況を鑑み、いくつかの感染症を新規に書き加えました。そして、各疾患に最新の知見も反映させて、本書の第２版を出すことと致しました。

教育現場での感染症の流行を抑えて、その健康被害をできる限り小さくすることを願い、子どもたちの健やかな成長を祈りながら、本書を世に送り出したいと思います。末永く、多くの先生方のお役に立ってくれることを心より願っております。

白鷗大学教育学部教授　岡田晴恵

学校の感染症対策

CONTENTS

デング熱を除く各感染症と、感染症コラム「トリコフィトン・トンズランス菌感染症についてお知らせ」、「マダニ対策のお願い」の《配布資料》のPDFデータを付属のCD-ROMに収録しています。

感染症コラム

chapter_01

感染症対策の基礎理解

1 感染症とは？

ウイルスや細菌、真菌、寄生虫や原虫といった微生物が、体の中に入って増えることを「感染」といいます。そして、その感染の結果､起こった病気が「感染症」です。

体に入って増えて、病気を起こした微生物は、病原微生物または病原体とよばれます。病原体はその病原体に特有の感染症を起こします。そのため本書では、各感染症について、その病原体を明記しています。

そして、このような病原微生物が、人から人にうつって感染が拡がり、さらに効率よくうつっていくと流行が起こります。このように感染症はうつる病気で、以前には伝染病ともよばれました。

学校や幼稚園、保育所などは大勢の子どもが集まることから、病原体の伝播が起こりやすく、感染症の流行が生じやすい場所です。教育現場において、児童や生徒、そして教職員が健康を保って日々の活動が行えるように、感染症の流行を最小限度としなければなりません。

本書では、学校で流行しやすい病気や教職員が注意すべき感染症を特にピックアップして、50音順に並べて記載し、解説を行っています。そして、感染伝播の仕方、感染経路も示して、感染しないための対策も具体的に示すことにしました。

2 病原体が侵入する感染経路

病原体がどのように人の体の中に入ってくるのか、そのルートを「感染経路」といいます。この感染経路を知り、侵入経路を遮断することで、病原体が体内に入るのを防ぎ、感染を予防することが大切です。

以下では、具体的にどのような感染経路があるのか解説します。

(1) 飛沫感染

咳やくしゃみで飛び出した病原体を含んだ飛沫を、近距離で吸い込むことによって感染することをいいます。これらの飛沫は鼻水や唾液などの分泌液に病原体が含まれた微細な水滴なので、その重さによって、数メートルの範囲に重力によって落下していきます。感染者との距離が２メートル以内となると特に飛沫感染が起こりやすくなるとされています。距離を広げると起こりにくくなります。

(2) 空気感染

感染者の咳やくしゃみ等で飛び出したウイルスや細菌などが、飛沫核とよばれるエアロゾルとなって空中をふわふわ漂い、それを吸い込むことによって感染することをいいます。飛沫をつくっている唾液などの

感染症の「感染経路」には、①飛沫感染、②空気感染、③接触感染、④経口感染、⑤血液感染などがあります。

水分が蒸発して、ウイルスや細菌等が空中を浮遊し、それを吸い込むこともあります。伝播効率がよく、教室や事務所などの室内や人の大勢いる場所等で、感染伝播が起こりやすい性質があります。感染者がいなくなっても室内に病原体が浮遊していることがあります。

(3) 接触感染

病原体が付着した手指で、目、鼻、口等に触れることによって、病原体が侵入した結果、感染することをいいます。ドアノブやつり革、コンピューターのマウス等、不特定多数の人が触る部分は、接触感染の温床になりやすいところです。

(4) 経口感染

汚染された食物や手指を介して口から病原体が入ってくることによる感染をいいます。糞便などに排泄されたウイルスや細菌がトイレのドアノブに付着し、それが手を介して、口に入って感染が成立する糞口感染も経口感染の一つです。

(5) 血液感染

血液中の病原体が、傷や粘膜などから体に侵入して感染することです。血液に触れる可能性がある場合は、手袋を使用します。

3 感染症の3要因

感染症にかかるということには、3つの要因があります。まず、①その病原体があること、次に②その病原体が体内に侵入する感染経路があり、さらに③その病原体に対する免疫が低い感受性者がいた場合に感染は起こります。そのため、このいずれかの段階で感染を遮断することが必要となります。

(1) 病原体の同定と消毒（滅菌）

感染症は病原体が感染源となるため、それぞれの病原体に対応した対策が必要となってきます。感染者がいつの期間にウイルスや細菌などの病原体を排泄して、それがどのような経路で他者の体内に入ってくるのかを知り、侵入を遮断しなければなりません。

しかし、病原体によっては、感染者が発症する以前の潜伏期間から病原体を外に出すこともあります。また、感染し病原体を排出して感染源となるのに、病気の症状が出ていない不顕性感染や、軽症で典型的な症状を呈していない場合もあります。特に学校現場において、教職員がその感染症に過去に感染して免疫記憶をもっていることで、再感染しても軽症であったり、または不顕性感染に留まり、自身が感染を知らずに児童生徒、園児に病原体を運んでしまうこともあります。さらには、潜伏期に感染源となっている疾患もあるのです。

これらのようなケースでは、感染の有無自体がわかりにくく、その間にも他者に感染させてしまう可能性があります。多くの場合、発症した患者には注意が払われますが、このような不顕性感染や軽症者は見落とされがちです。感染症の流行中には、すべての人がその感染症についての感染予防対策を行う必要があります。

感染症が流行すると、その病原体である微生物を殺すために消毒が行われます。消毒は何の微生物を殺したいのか目的をはっきりさせ、消毒剤を選びます。その際には、消毒剤の使用方法、特に使用濃度と使用対象物を守らなければなりません。また、加熱などの物理的な方法で消毒を行う場合もあります。消毒は目的とする病原体を殺すものですが、殺菌や滅菌は非病原性の微生物までを含んですべての微生物を完全に死滅させることになります。

(2) 感染経路を絶つ（予防対策のポイント）

感染症の予防には、各病原体の感染経路に合わせた方法で、経路を絶つことが必要です。以下では、飛沫感染・空気感染、接触感染の場合について解説します。

①飛沫感染・空気感染

子ども同士や子どもと教職員は、密な接触を取りやすいために、飛沫感染の起こる１～２メートルの距離に複数の子ども、教職員がいる状況が多くあります。さらに、子どもたちはいろいろな感染症に感受性が高く、教室内は感染症の流行が起こりやすい場所です。病原体を吸い込まないように距離を取ることがポイントですが、現実的には難しいと思われます。

教室内での感染を最小とするために、咳エチケットを日頃から指導します。咳エチケットは、咳やくしゃみをするときにはティッシュでおさえる等の他者への配慮です。

また、飛沫は、ウイルスや細菌等の病原体が鼻水や唾液に含まれた粒子ですが、冬季の空気の乾燥しやすい時期では、周囲の水分が蒸発して、飛沫核となり、教室などの室内空間を浮遊してしまうことがあります。このようなエアロゾルとなった場合は、空気感染を起こしやすく、感染が教室内で拡がりやすくなります。教室内を加湿し、エアロゾルとなるのを防ぐことと、換気を励行することが大切です。

不顕性感染や軽症の感染者を「感染者」と特定することは非常に難しいため、感染者すべてを別室に隔離して感染源を絶つということは、現実的には徹底できません。さらに、潜伏期の感染者も感染源となる疾患もありますが、発症前の感染者を見つけることは困難です。そのため

感染症の３要因は、①その病原体があること、②その病原体が体内に侵入する感染経路があること、③その病原体に対して免疫が低い感受性者がいること、です。

感染症の流行期だけでなく、普段からの感染予防を子どもたちにも指導していくことが大切になります。

②接触感染

接触感染の経路を絶つ基本は、手洗いの励行です。流水で丁寧な手洗いをします。タオルの共用は止め、ペーパータオルの利用が理想的です。固形よりも、液体石けんの使用が推奨されます。人の手がよく触れる場所、例えばドアノブや電話受話器、手すり、コンピューターのマウス、幼稚園、保育所では共用のおもちゃなどを、こまめに消毒やふき取りを行うことで、感染防止の効果が上がります。なお、経口感染も手指を介することが多いことから、これらの対策を励行しなければなりません。

(3) 感受性者（感染する可能性のある人）を減らす

感受性者とは、その病原体の感染が成立して、病気を発症する人のことです。社会における感受性者の数そのものを減らすということも、感染拡大への対策になります。

感染症では、病原体に対して免疫をもっていると、感染や発症を防ぐことができます。そのためワクチン接種が有効となります。ワクチンは、事前に接種して免疫（ワクチン免疫）をつけることで、感染症にかかるのを防いだり、重症化を阻止するものです。社会の感受性者をワクチン接種で減らすことは、感染症の流行を防ぐことにつながります。

また、子どもたちの定期予防接種の接種状況を把握して、年齢に応じた接種の計画を保護者に推奨することも、子ども個人のためにも学校での感染症の拡がりを防ぐことにもつながります。教職員においても、自身の予防接種や感染症の罹患状況を認知し、必要ならばワクチン接種をする等の対応が必要です。

4 学校保健安全法での「その他」の感染症の扱いについて

学校保健安全法関連の法令（表１～３）では、「学校において予防すべき感染症」を定め、第一種～第三種に分類しています（表３、４）。その第三種に記載されている「その他」の感染症については、学校で流行が発生した際、その流行を防ぐために必要な場合に限り、学校長が学校医に意見を聞き、「第三種」の感染症としての措置をとることができるとされています。

本書では、学校での集団感染が危惧される感染症を中心に取り上げており、第三種「その他」の感染症においても、流行の頻度や流行が発生した場合の影響などを鑑み、想定される感染症の具体例をあげて解説しています。しかし、各学校において「その他」の感染症として出席停止の指示を出すかどうかの判断は、感染症の種類や各地域、学校における感染症の発生・流行の態様などを考慮の上で決定される必要があります[1)]。本書で例示した「その他」の感染症についても、必ず出席停止を伴うというものではありません。第三種感染症の一部を含めた「その他」の感染症における出席停止の目安を表5にまとめています。学校長、学校医の先生方と相談して対応を検討してください。

1）文部科学省『学校において予防すべき感染症の解説』

表1 学校保健安全法における「感染症の予防」についての条文

第四節　感染症の予防

（出席停止）
第十九条　校長は、感染症にかかつており、かかつている疑いがあり、又はかかるおそれのある児童生徒等があるときは、政令で定めるところにより、出席を停止させることができる。

（臨時休業）
第二十条　学校の設置者は、感染症の予防上必要があるときは、臨時に、学校の全部又は一部の休業を行うことができる。

（文部科学省令への委任）
第二十一条　前二条（第十九条の規定に基づく政令を含む。）及び感染症の予防及び感染症の患者に対する医療に関する法律（平成十年法律第百十四号）その他感染症の予防に関して規定する法律（これらの法律に基づく命令を含む。）に定めるもののほか、学校における感染症の予防に関し必要な事項は、文部科学省令で定める。

最終改正：平成 27 年 6 月 24 日

表2 学校保健安全法施行令（政令）における「感染症の予防」関連の条文（抜粋）

（出席停止の指示）
第六条　校長は、法第十九条の規定により出席を停止させようとするときは、その理由及び期間を明らかにして、幼児、児童又は生徒（高等学校（中等教育学校の後期課程及び特別支援学校の高等部を含む。以下同じ。）の生徒を除く。）にあつてはその保護者に、高等学校の生徒又は学生にあつては当該生徒又は学生にこれを指示しなければならない。
2　出席停止の期間は、感染症の種類等に応じて、文部科学省令で定める基準による。

（出席停止の報告）
第七条　校長は、前条第一項の規定による指示をしたときは、文部科学省令で定めるところにより、その旨を学校の設置者に報告しなければならない。

最終改正：平成 27 年 12 月 16 日

表3 学校保健安全法施行規則（文部科学省令）における「感染症の予防」関連の条文（抜粋）

第三章　感染症の予防

（感染症の種類）

第十八条　学校において予防すべき感染症の種類は、次のとおりとする。

一　第一種　エボラ出血熱、クリミア・コンゴ出血熱、痘そう、南米出血熱、ペスト、マールブルグ病、ラッサ熱、急性灰白髄炎、ジフテリア、重症急性呼吸器症候群（病原体がベータコロナウイルス属ＳＡＲＳコロナウイルスであるものに限る。）、中東呼吸器症候群（病原体がベータコロナウイルス属ＭＥＲＳコロナウイルスであるものに限る。）及び特定鳥インフルエンザ（感染症の予防及び感染症の患者に対する医療に関する法律（平成十年法律第百十四号）第六条第三項第六号に規定する特定鳥インフルエンザをいう。次号及び第十九条第二号イにおいて同じ。）

二　第二種　インフルエンザ（特定鳥インフルエンザを除く。）、百日咳、麻しん、流行性耳下腺炎、風しん、水痘、咽頭結膜熱、結核及び髄膜炎菌性髄膜炎

三　第三種　コレラ、細菌性赤痢、腸管出血性大腸菌感染症、腸チフス、パラチフス、流行性角結膜炎、急性出血性結膜炎その他の感染症

2　感染症の予防及び感染症の患者に対する医療に関する法律第六条第七項から第九項までに規定する新型インフルエンザ等感染症、指定感染症及び新感染症は、前項の規定にかかわらず、第一種の感染症とみなす。

（出席停止の期間の基準）

第十九条　令第六条第二項の出席停止の期間の基準は、前条の感染症の種類に従い、次のとおりとする。

一　第一種の感染症にかかつた者については、治癒するまで。

二　第二種の感染症（結核及び髄膜炎菌性髄膜炎を除く。）にかかつた者については、次の期間。ただし、病状により学校医その他の医師において感染のおそれがないと認めたときは、この限りでない。

　イ　インフルエンザ（特定鳥インフルエンザ及び新型インフルエンザ等感染症を除く。）にあつては、発症した後五日を経過し、かつ、解熱した後二日（幼児にあつては、三日）を経過するまで。

　ロ　百日咳にあつては、特有の咳が消失するまで又は五日間の適正な抗菌性物質製剤による治療が終了するまで。

　ハ　麻しんにあつては、解熱した後三日を経過するまで。

　ニ　流行性耳下腺炎にあつては、耳下腺、顎下腺又は舌下腺の腫脹が発現した後五日を経過し、かつ、全身状態が良好になるまで。

　ホ　風しんにあつては、発しんが消失するまで。

　ヘ　水痘にあつては、すべての発しんが痂皮化するまで。

　ト　咽頭結膜熱にあつては、主要症状が消退した後二日を経過するまで。

三　結核、髄膜炎菌性髄膜炎及び第三種の感染症にかかつた者については、病状により学校医その他の医師において感染のおそれがないと認めるまで。

四　第一種若しくは第二種の感染症患者のある家に居住する者又はこれらの感染症にかかつている疑いがある者については、予防処置の施行の状況その他の事情により学校医その他の医師において感染のおそれがないと認めるまで。

五　第一種又は第二種の感染症が発生した地域から通学する者については、その発生状況により必要と認めたとき、学校医の意見を聞いて適当と認める期間。

六　第一種又は第二種の感染症の流行地を旅行した者については、その状況により必要と認めたとき、学校医の意見を聞いて適当と認める期間。

最終改正：令和２年11月13日

表4 学校において予防すべき感染症と出席停止の基準

	感染症の種類	出席停止の基準
第1種	・エボラ出血熱 ・クリミア・コンゴ出血熱 ・痘そう ・南米出血熱 ・ペスト ・マールブルグ病 ・ラッサ熱 ・急性灰白髄炎 ・ジフテリア ・**重症急性呼吸器症候群**（病原体がベータコロナウイルス属ＳＡＲＳコロナウイルスであるものに限る） ・**中東呼吸器症候群**（病原体がベータコロナウイルス属 MERS コロナウイルスであるものに限る） ・**特定鳥インフルエンザ**（感染症の予防及び感染症の患者に対する医療に関する法律（平成十年法律第百十四号）第六条第三項第六号に規定する特定鳥インフルエンザをいう。次号及び第十九条第二号イにおいて同じ）	治癒するまで。 ※感染症の予防及び感染症の患者に対する医療に関する法律第６条第７項から第９項までに規定する新型インフルエンザ等感染症、指定感染症及び新感染症は、前項の規定にかかわらず、第一種の感染症とみなす。
第2種	・**インフルエンザ**（特定鳥インフルエンザ及び新型インフルエンザ等感染症を除く）	発症した後５日を経過し、かつ、解熱した後２日（幼児にあっては、３日）を経過するまで。
	・百日咳	特有の咳が消失するまで又は５日間の適正な抗菌性物質製剤による治療が終了するまで。
	・麻しん	解熱した後３日を経過するまで。
	・流行性耳下腺炎	耳下腺、顎下腺又は舌下腺の腫脹が発現した後５日を経過し、かつ全身状態が良好になるまで。
	・風しん	発しんが消失するまで。
	・水痘	すべての発しんが痂皮化するまで。
	・咽頭結膜熱	主要症状が消退した後２日を経過するまで。
	・結核 ・髄膜炎菌性髄膜炎	病状により学校医その他の医師において感染のおそれがないと認めるまで。
第3種	・コレラ ・細菌性赤痢 ・腸管出血性大腸菌感染症 ・腸チフス ・パラチフス ・流行性角結膜炎 ・急性出血性結膜炎 ・その他の感染症	病状により学校医その他の医師において感染のおそれがないと認めるまで。

表5 第三種感染症の一部と「その他」の感染症における出席停止の目安

感染症の種類	出席停止の目安
アタマジラミ	出席停止の必要はないが、速やかにシラミの駆除を行う処置と皮膚症状などの治療を受けることが必要。
RS ウイルス	咳などの症状が安定し、全身状態が良くなるまで。
感染性胃腸炎（ノロウイルス、ロタウイルスなど）	下痢や嘔吐などの症状が治まり、普段の食事がとれること。全身状態が良ければ登校、登園は可能。
カンピロバクター感染症	症状が良くなれば登校、登園は可能。排便後の手洗いを励行することが大切。
急性出血性結膜炎	主症状が消えてから、2日間を経過するまで。
サルモネラ感染症	全身状態が良ければ登校、登園は可能。治った後も菌が数週間排泄されることがあり、感染源となるため、排便後の手洗いの励行が大切。
腸管出血性大腸菌感染症	症状が治まり、抗菌薬治療が終了し、48 時間をあけて2回の検便により菌陰性が確認されるまで。
手足口病	発熱や口腔内の水疱・潰瘍の影響なく普段の食事がとれるようになるまで。
伝染性紅斑（リンゴ病）	発疹が出る前に感染源となり、赤いリンゴのような紅斑が出た発疹期ではすでに他者への感染伝播はないので、全身状態が良ければ登校、登園は可能。
伝染性軟属腫（水いぼ）	出席停止の必要はない。かき壊し傷から滲出液が出ているときには被覆する。
伝染性膿痂疹（とびひ）	出席停止の必要はない。皮膚が乾燥しているか、湿潤部位が被覆できる程度であること。
B 型肝炎	急性肝炎の急性期でない限り、登校、登園は可能。HBV キャリアの出席停止の必要はない。血液や体液に触れる場合は手袋を着用するなど予防策を守ることが大切。
ヘルパンギーナ	解熱し、口腔内の水疱・潰瘍の影響なく普段の食事がとれること。
マイコプラズマ肺炎	発熱や激しい咳が治まり全身症状が良くなれば登校、登園は可能。
溶連菌感染症（主に A 群溶血性レンサ球菌感染症）	適切な抗菌薬療法開始後 24 時間以内に他への感染力は消失するため、それ以降、登校（園）は可能である。ただし、定められた期間は抗菌薬の内服を継続すること。
流行性角結膜炎	1～2週間は他者へ感染させる力があり、症状がなくなった後も感染力が残っている場合もあるため、医師から感染のおそれがなくなったと判断されるまで出席停止。

※学校保健安全法では、第三種の「その他」の感染症として、あらかじめ特定の感染症が定められているわけではありません。出席停止についての判断は、感染症の種類や各地域、学校における感染症の発生・流行の態様等を考慮の上、学校長、学校医の相談のもと決定する必要があります。

chapter_02

学校の感染症対策

THE FILE OF Infectious Diseases

アタマジラミ

【Pediculus capitis】

アタマジラミとは頭部に寄生するシラミです。痒みを伴う皮膚炎を起こします。12歳以下の子どもに多くみられ、小学校や幼稚園、保育所で発生し、近年増加傾向にあります。先進国、開発途上国を問わず、アタマジラミ寄生率は高く、世界的に蔓延状態にあり、衛生状態不良などの指標ではありません。

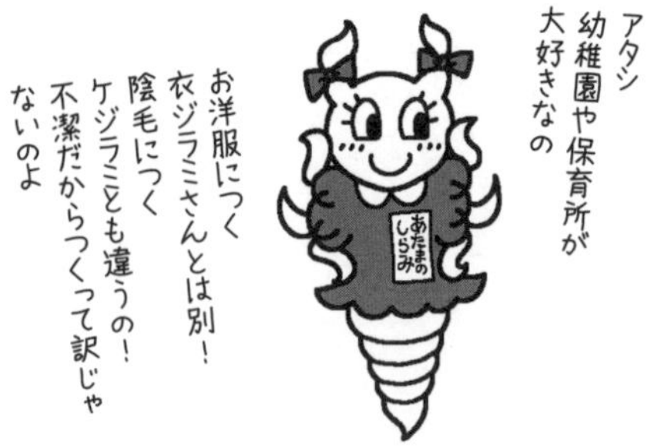
アタシ
幼稚園や保育所が
大好きなの
お洋服につく
衣ジラミさんとは別！
陰毛につく
ケジラミとも違うの！
不潔だからつくって訳じゃ
ないのよ
あたまのしらみ

【アタマジラミ】の法的な扱い

❶学校保健安全法
アタマジラミは、「学校において予防すべき感染症（学校感染症）」では、「その他」の感染症（第三種の感染症として扱う場合もある）です。出席停止はありません。ただし、できるだけ速やかにシラミの駆除を行う処置と皮膚症状などの治療を受ける必要があります。

❷感染症の予防及び感染症の患者に対する医療に関する法律
アタマジラミ感染症は指定されていません。

1_アタマジラミとは

❶ 病原体

アタマジラミは、衣服につくコロモジラミ（発疹チフスを媒介）や陰毛などに寄生するケジラミ（性感染症）とは異なります。アタマジラミは雌2～4mm、雄2mm程度で肉眼で確認できる大きさです。全体的には灰白色ですが、吸血し消化管にあるときは黒っぽく見えます。

❷ アタマジラミの症状

アタマジラミの多くは無症状ですが、ときには、吸血された部位を中心に痒みを伴います。痒みに伴って頭皮をひっかき、その傷口から細菌の二次感染を受けることもあります。

❸ 感染経路

アタマジラミの感染経路は、家族や学校、幼稚園、保育所などでアタマジラミの付着した頭部と直接接触した場合などです。例えば、保育所でのお昼寝で頭と頭が接触するような状態などが考えられま

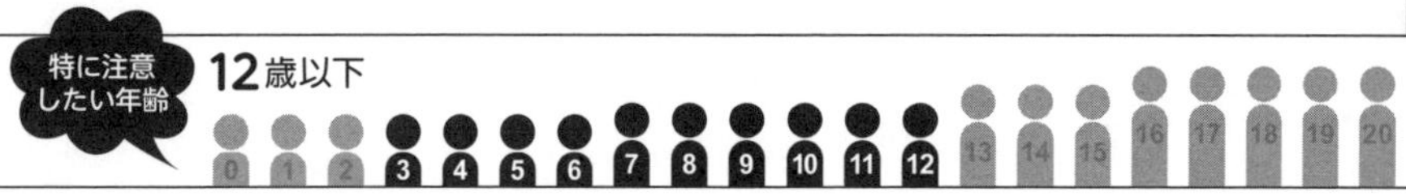

す。また、集団や家族での寝具やタオルの共用、さらに櫛、帽子やロッカーなどの共用でも間接的に感染します。

4 どんな人が感染しやすいのか

小学校、幼稚園、保育所などの小児が感染しやすく注意が必要です。

5 アタマジラミの増殖に要する時間

アタマジラミは幼虫から成虫まで吸血し、１日あたり３～４個の卵を産みます。卵は６～９日で孵化し、幼虫は吸血をくり返して、１～２週間で成虫になります。１匹のアタマジラミが１か月に産卵する卵は約100個で、頭髪にたくさん卵が付着していることをきっかけに見つかることが多いようです。

2 _アタマジラミへの対応

1 予防対策

アタマジラミの予防は、櫛、帽子、マフラー、タオルなどを共用しないことです。布団は干してよくたたき、シーツや枕カバーもこまめに洗濯して変えます。流行の発生時には、早期発見のためにも子どもの頭髪を毎日チェックします。髪が触れ合うような接触（保育所のお昼寝の添い寝や遊びの中での接触）は、アタマジラミがうつりやすいときでもあり注意します。床、特にお昼寝の後の室内はよく掃除機をかけます。

保護者にお便りを配り、家庭でのシラミ駆除をお願いした後も、保育所などの施設では予防のためにも子どもたちの頭髪を観察したほうがよいと考えられます。そのときは「何気なく」、「さりげなく」、「それとなく」を目標としてください。

アタマジラミが見つかっても、いじめや差別などの原因にならないよう配慮が必要です。家庭への駆除のお願いとともに、「何気なく」「さりげなく」「それとなく」経過の観察をお願いします。

2 アタマジラミの駆除方法

虫めがねを使うと髪の毛に付着している白い塊をより明確に確認することができます。白いフケのように見えますがフケと違ってすぐに落ちません。アタマジラミ駆除のパウダーとシャンプーが市販されています。ピレスロイド系殺虫剤のスミスリン®パウダーなどを頭髪に散布して、シャワーキャップを装着して、5分間そのままにします。その後、洗髪します。これを3日に一度、3～4回行います。シャンプータイプもあります。そして、目のこまかな櫛で物理的に卵などをそぎ落として駆除します（なお、海外では、この殺虫剤が効きにくくなったアタマジラミが出現し、大きな問題となっています）。

学校などでアタマジラミの罹患者が見つかった場合には、保護者へのお便りで駆除の方法を配布し、他の家族の頭髪も確認してもらい、駆除を一斉に行うことが肝要です。集団内でアタマジラミが発見されたときには、親が子どもの頭を丁寧に調べ、成虫や幼虫、卵の早期発見をして、即座に駆除をすると効果的、確実な駆除につながります。

なお、アタマジラミの感染者の寝具、タオル、着衣は、60℃以上の湯に5分以上浸け、その後、洗濯をします。アイロンによる熱処理も有効です。

教職員もアタマジラミを見つけた場合、おどろいたり、あわてたりして大きな声を出すことのないよう、十分に気をつけます。教職員の態度は子どもに強い印象を与えがちです。当事者の子どもも深く傷つき、周囲の子どもたちには不潔なもの、特異なものという印象を与えかねません。感染はアタマジラミが付着したのが原因であって、不潔であるとの誤解をさせないことが大切です。いじめの原因にならないように注意を払います。

3 アタマジラミのワクチンについて

アタマジラミにはワクチンはありません。

アタマジラミ・教職員対応のポイント

❶アタマジラミを発見！

アタマジラミを発見！
でも、落ち着いて！
声を出したりするのはNG
子どもたちの前では冷静に！

**差別を生みやすい
アタマジラミ感染症は
要注意です。**

❷感染してしまっても…

アタマジラミは駆除できます。

①スミスリン®入りシャンプー等を使用する
②すき櫛で卵をとる

大事なのは、きちんとこれらをくり返し行うこと

❸家庭へのお願い

①スミスリン®入りシャンプー等を使用する

②すき櫛で卵をとる

アタマジラミの駆除は学校や教職員は「補助する」という立場です。

保護者の方へは、上記をくり返し行うのが大切であることを伝えましょう。

❹差別やいじめにつながらないように！

教職員の対応は
「何気なく」「さりげなく」「それとなく」
をモットーに！

そうじも忘れずに！

アタマジラミ発生時には、子どもたちの頭をよく観察し、部屋の掃除も忘れずにしましょう。

アタマジラミについてのお知らせ

アタマジラミは、早期の発見が大切です。アタマジラミの卵はフケのような白い塊として確認できます。アタマジラミは毎日卵を数個産み、それが孵化して、幼虫から成虫となって、どんどん増えていきます。ですから、お子さんの頭髪を毎日観察して、早期に発見して駆除することが大切です。なお、アタマジラミによる出席停止などはありませんが、できるだけ早期に治療・対応をしてください。

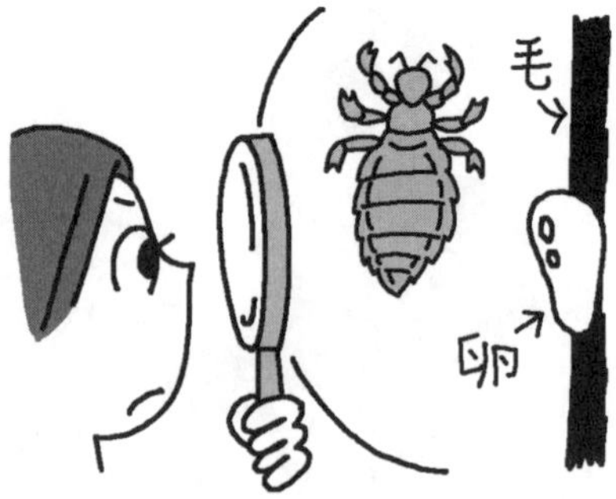

アタマジラミはどうやってうつるの？

➔ 帽子、ヘアゴム、マフラー、櫛、衣類などの貸し借りによる感染。

➔ 枕カバー、シーツ、ベッド、布団など寝具類の共用による感染。

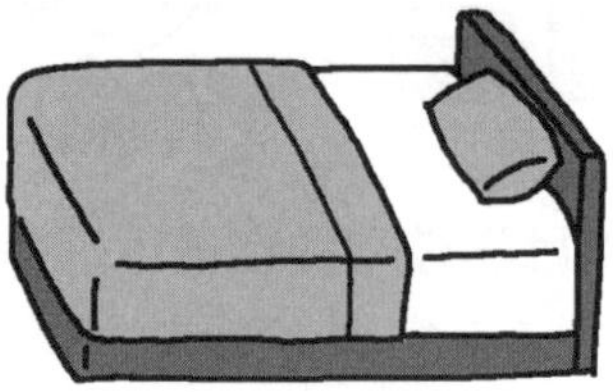

➔ 集団での昼寝や遊びの中で、髪や頭が触れたことによる感染。

➔ バスや電車の背もたれなどを介しての感染。

➔ 顔を近づけてゲームなどを一緒にすることによる感染。

➔ 相撲など子どもどうし頭が触れ合う遊びによる感染。

アタマジラミの予防方法は？

帽子、ヘアゴム、マフラー、櫛、衣類などの貸し借りはしない。

布団はよく干してたたく。枕カバー、シーツは、こまめに洗濯をする。

普段から毎日シャンプーをして、ドライヤーでよく乾かす。

髪をよくとかす。

プールは帽子をかぶって入る。

毎日、子どもの頭髪をチェックする。

POINT!

感染後の衣服、タオル、シーツなどの洗濯は、60℃以上の湯に５分以上浸けた後に洗濯してください。そうすれば、シラミは成虫から卵まで死滅します。

※冬季は、すぐにお湯の温度が下がるのでご注意ください。

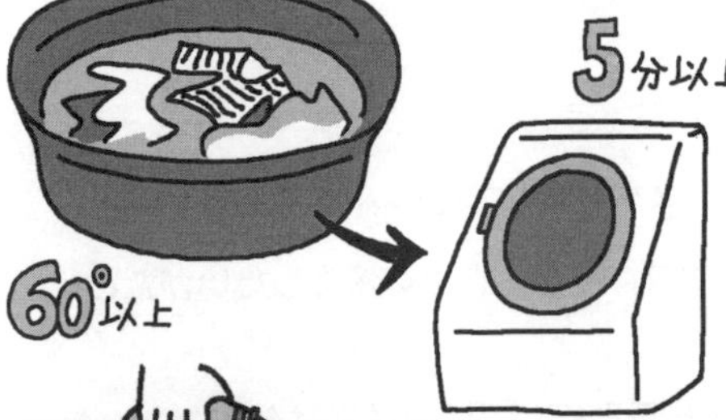

アイロンをかけるのも有効です。

アタマジラミが見つかったときには、駆除薬とすき櫛を使って駆除します。

家族で伝播します。
家族内で同時に駆除することがポイントです

アタマジラミ駆除のお願い

アタマジラミの発生がありました。アタマジラミは「白いフケのようなものがついている」、「頭を子どもが痒がる」、「よく頭をかいている」などで見つかることがあります。お子様の感染が疑われる場合には、髪などを切らず、駆除薬とすき櫛で駆除できますので、以下の方法で駆除を行ってください。

スミスリン®入り シャンプーを使っての駆除

1 まず髪をぬらし、薬液を頭全体にいきわたらせ、普段シャンプーをするように泡立てます。

2 頭にタオルを巻くなどして、5分間待ちます。

3 5分後、薬剤を十分に洗い流し、目のこまかなすき櫛ですいてください。これを3日に1度ずつ、3～4回くり返します。

アタマジラミとその卵の 駆除用の櫛を使っての駆除

微細な構造のアタマジラミ用の櫛を使用してください。櫛の目が細かく針状で、さらにスクリュー状になっている櫛もあります。

1 まず、普段使っている櫛で髪をとかします。

2 続いて、少しずつ髪の毛を小分けにして、髪の根本をおさえ、駆除用の櫛で毛先まですきおろします。卵を物理的にすき取るので、少しずつ動かして毛についた卵を抜き取るイメージで行います。

3 櫛の歯にはさまった卵とシラミは、洗面器にお湯を入れ浸して、爪楊枝等で取り除きます。

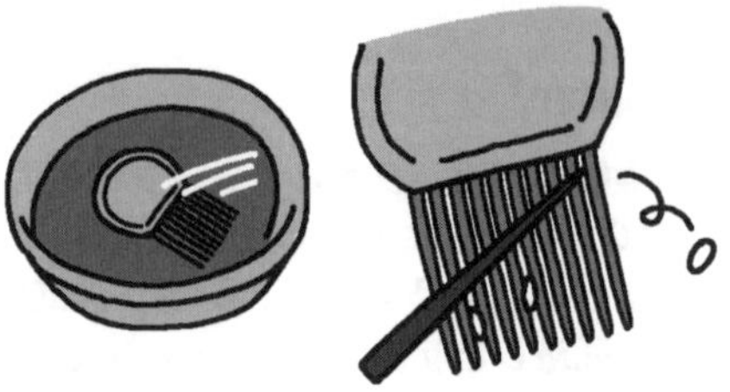

4 使用後は櫛をよく洗い乾燥させ保管してください。

こんなことに注意！

- ☑ 薬剤を洗い流した後、通常のシャンプー、リンスを使用しても構いません。
- ☑ 薬剤をアタマジラミ予防のために使ったり、アタマジラミを早く除去したいがために毎日使用するのはいけません。
- ☑ 枕カバーやシーツに、直接スミスリン®パウダーを散布してはいけません。

※出席停止の必要はありませんが、できるだけ早期に適切な治療・対応をする必要があります。

RSウイルス感染症

【Respiratory syncytial virus infection】

RSウイルス感染症は、乳幼児の肺炎や細気管支炎の原因として頻度の高い病気です。秋から早春にかけて流行していましたが、最近は夏に流行することもあります。主に乳幼児が重症化しますが、年齢を問わずに生涯に何度も再感染し、症状を出します。症状はかぜのような症状から重い肺炎等まであります。特に乳幼児でRSウイルスに初めて感染した場合には、重篤な症状となることがあり、注意が必要な病気です。乳幼児から感染した教職員が、症状が軽く自覚のないままに、他の子どもたちにウイルスを拡げていることがあります。

私はRS
RSウイルスは
姿を隠して防御免疫を
つくらせない
だから何度も感染するのよ

【RSウイルス感染症】の法的な扱い

❶学校保健安全法
RSウイルスは「学校において予防すべき感染症（学校感染症）」では、「その他」の感染症（第三種の感染症として扱う場合もある）です。咳などの症状が安定し、全身状態が良い人は登校、登園が可能です。

❷感染症の予防及び感染症の患者に対する医療に関する法律
RSウイルス感染症は、五類感染症で、全国約3000か所の小児科定点医療機関から週ごとに発生報告が届け出されます。

1_ RSウイルス感染症とは

❶ 病原体

病原体はRSウイルスです。アルコールや塩素系の漂白剤、石けん等の界面活性剤や55℃の熱で不活化されます。環境中では数時間は安定で、家族内伝播は高い頻度で起こります。学校で子どもが感染して、家庭内感染を起こす事例が多く報告されています。看護する人が大量のウイルスに暴露されて発症、重症化する例もあります。

細気管支炎とは細い気管支に炎症が起こり、ゼーゼー（喘息）が出て、呼吸が苦しくなる病気です。

❷ RSウイルス感染症の症状

RSウイルスに感染してから、2～8日（典型的には4～6日）の潜伏期間をへて、多くの場合、鼻水程度から始まり、38～39℃の発熱、そして咳が続き、その後、下気道症状が出てきます。初感染の小児の場合には、細気管支炎や肺炎となり重症化することもあります。細気管支炎になると、ヒューヒュー、ゼイゼイという喘鳴が聞かれるようになり、胸が上下するような陥没呼吸、さらに呼吸困難など

特に注意したい年齢
2歳以下（年長児、成人、高齢者で再感染も）
0 1 2 3 4 5 6 7 8 9 10 11 12 13 14 15 16 17 18 19 20

の症状が現れます。急激に悪化することもあり、特に生後6か月未満の乳幼児は注意が必要です。乳幼児の突然死の原因の一部になっているともいわれています。1歳未満では中耳炎にも注意が必要です。

大部分の小児は、8〜15日くらいで軽快します。再感染も起こしますが、年長者や成人では、普通のかぜ、ひどいかぜといった症状の場合も多いようです。高齢者や心肺系の病気のある人や免疫力が弱まっている人は、特に注意してください。

病原体診断は、鼻水からRSウイルス迅速診断テストで確定診断ができます。

治療については軽症の場合には、水分を補給しながら自宅で安静にします。咳や発熱などには対症療法となります。6か月未満の乳児では、悪化を考え入院して経過を観察します。

乳児のRSウイルス感染症は重症化しやすく、入院して治療することがあります。感染をくり返すうちに症状は軽くなります。

3 感染経路

RSウイルスは、感染者の咳やくしゃみ、鼻水などのウイルスが含まれる気道分泌物の飛沫を吸い込むことによる飛沫感染や、それが手に付着し、その手を介して目、喉、鼻などの粘膜から感染する接触感染が主です。咳をする人にはマスクの着用を、またウイルスを運ばないように手洗いを励行しましょう。

症状のある期間が周囲へ感染させる力が強い時期ですが、乳幼児では3〜4週間程度感染力が持続することもあります。

流行時期については、秋から早春にかけて流行が起こりやすく、流行のピークは冬です。しかし、2011年以降は、7月くらいから報告数の増加が認められます。

さらに、新型コロナウイルス感染症の流行に伴って流行パターンが変化し、予測がつきにくくなっています。

4 どんな人が感染しやすいのか

感染者は、乳幼児が中心です。生後から1歳までの期間に5〜7割以上が感染し、2歳までには大部分の子どもが抗体をもつようになります。しかし、年長児や成人、高齢者にも再感染がみられるように、RSウイルスは感染、発症をくり返す性質があります。高齢者では長期集団療養施設での集団感染の報告があります。

通常、生後6か月までは、母親からの移行抗体でさまざまな感染症から赤ちゃんが守られますが、RSウイルスにおいては移行抗体による感染防御が十分ではありません。生後1か月をすぎて6か月以内の乳児の初感染が最も重症化しやすい傾向にありますので、特に注意が必要です。

2_ RSウイルス感染症への対応

1 予防対策

予防対策では、流水と石けんで手をよく洗うことが大切です。鼻をかんだ後は特に手洗いをするように指導します。その他、調理前や食事の前、給食の配膳前などの手洗いを重視します。

家庭内での感染も多く、RSウイルスは再感染することから保護者も感染のおそれがあります。咳をしている人はマスクをし、さらに看護する人もマスクをするとよいでしょう。また、看護中は、鼻をかんだティッシュの処理などで手にウイルスが付着することがあります。こまめによく手を洗いましょう。

流行期には、初期の鼻水程度の感染者が登校、登園してきている場合も多いので、かぜ症状のある子どもは注意して見守ります。特に乳児は注意が必要です。

子どもがRSウイルス感染症と診断された場合には、保護者にも知らせます。保護者へ配布するお便りを載せていますので、参考にしてください。

2 RSウイルス感染症の予防ワクチンについて

ワクチンは開発の途上にあります。生ワクチンの試験的な候補はありますが、実用化には至っていません。

RSウイルスに対するモノクローナル抗体のパリビズマブという注射薬が2002年から日本でも承認・市販されています。RSウイルス感染症の重症化が心配される早産児、先天性心疾患児、慢性肺疾患児、ダウン症児などは、RSウイルス感染症の流行が始まる前から流行の期間に、1か月ごとに筋肉注射することで予防効果が期待できるとされています。

RS ウイルス感染症

ただいま～
コン
コン
おかえり かぜひいた？
かぜですね 下のお子さんにも うつっています
翌日、赤ちゃんが 急に重症に!!
6か月未満の 赤ちゃんは特に要注意!! RSウイルスは 1～2日で悪化します
だんだん悪化して呼吸が苦しそう
お母さんからの 移行抗体が働かないのが RSウイルスです 小児では怖い病気ですが よくある病気だから 気をつけましょうね！

RSウイルス感染症についてのお知らせ

RSウイルス感染症は、乳幼児の肺炎や細気管支炎の原因として最も頻度の高い病気です。症状はかぜのような症状から重い肺炎等まであります。特に乳幼児でRSウイルスに初めて感染した場合に重症となることがあり、注意が必要な病気です。

RS ウイルス感染症の症状

以下のような症状や状態がみられたときには、すぐに小児科を受診してください。

咳や喘鳴がひどい

ぐったりしている

顔色がよくない

肩で息をして、胸が上下する

息をするときに小鼻がふくらむ

RS ウイルスはどうやってうつるの？

RSウイルスは、感染者の咳やくしゃみ、鼻水などに含まれています。そのため、それらが他の人の手に付着し、その手を介して目、喉、鼻などの粘膜からうつり、感染が起こります。また、患者の咳などの飛沫を吸い込むことでも感染します。咳が出る人はマスクをし、ウイルスを運ばないように手洗いをしっかりするようにしてください。なお、RSウイルスは一度感染しても何度も感染します。

マスクの着用と咳エチケット

咳やくしゃみが飛び散らないように、マスクの着用と咳エチケットを守るようにしてください。自分が感染源となることを防ぐ配慮が必要です。

- ☑ マスクをすると、ウイルスが飛び散るのを防ぐことができます。喉を温めたり、湿度を保つ効果もあるので、ウイルスが苦手な状態に保つことができます。
- ☑ マスクをしていない場合に咳をするときは、ティッシュやハンカチで鼻や口をおさえます。手でおさえたときは、すぐに手を洗ってください。ティッシュもハンカチも持っていない場合は、自分の腕を鼻や口にあてて、ウイルスが飛び散らないようにします。

予防のために手洗いをしっかりしてください

❶ 手のひらで石けんを泡立てます。

❷ 手のこうも、こすって洗います。

❸ 指を一本ずつていねいに洗います。

❹ 両手をもむようにして指の間を洗います。

❺ 爪を手にこすりつけるように洗います。

❻ 手首を片方ずつ洗います。

❼ 石けんが残らないように、しっかり洗い流します。

❽ 清潔なタオルやハンカチで水分をしっかりふき取ります。

RSウイルスにかかったら…

RSウイルス感染症では生後6か月以内の乳幼児は特に注意が必要です。家庭内での感染も多い病気です。

受診のとき

かぜの症状などで医療機関を受診するとき、通っている学校や幼稚園、保育所でRSウイルス感染症の子どもが出ているかどうかを医師に伝えてください。

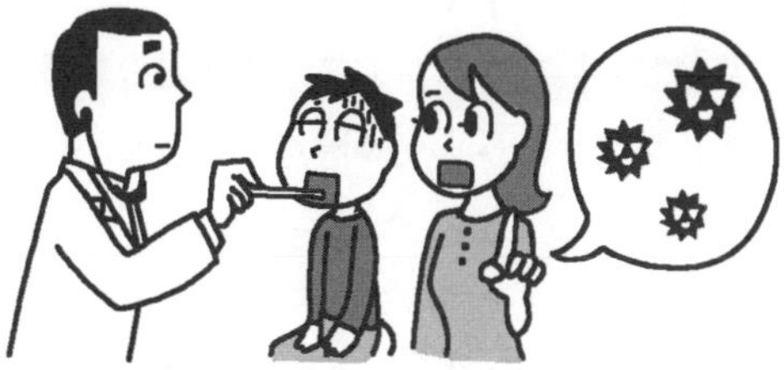

療養は

他の人にうつさないように、安静にしてください。部屋の換気をこまめに行い、部屋の湿度は60%くらいに保つようにし、乾燥に気をつけましょう。

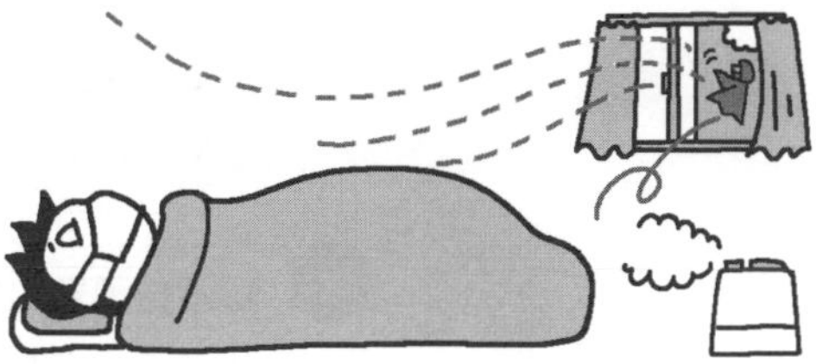

感染を拡げないために

まずは部屋の換気をしてください。また、ドアノブ、手すり、机、椅子、おもちゃなどは子どもが触ったりなめたりしていることがあるので、アルコール（70%以上）で消毒してください。

咽頭結膜熱

【Pharyngoconjunctival fever, PCF】

ぼく
プール熱の
アデノンだよ
プールでの
感染が多かったので
プール熱とも
よばれたよ

咽頭結膜熱はプールの水での感染も多かったことから「プール熱」ともいわれていました。6月頃から増え始め、7～8月をピークに患者が発生しますが、最近は晩秋に流行することもあります。発熱、咽頭炎、眼症状などを起こす小児の急性のウイルス感染症です。咽頭結膜熱は、小学校や幼稚園、保育所などで夏季に集団感染が生じることがあります。

【咽頭結膜熱】の法的な扱い

❶学校保健安全法

咽頭結膜熱は、「学校において予防すべき感染症（学校感染症）」では、「第二種」の感染症です。感染力が強いため、発熱や咽頭炎、結膜炎などの主症状が消失してから後、2日を経過するまで出席停止となります。

❷感染症の予防及び感染症の患者に対する医療に関する法律

咽頭結膜熱は、五類感染症で、全国約3000か所の小児科定点医療機関から週ごとに発生報告が届け出されます。

1_咽頭結膜熱とは

1 病原体

病原体はアデノウイルスです。アデノウイルスは、51種類の血清型があり、さまざまな症状の病気を起こします。咽頭結膜熱を起こすのは、主に3型で、4型、7型などの場合もあります。乳幼児の急性気道感染症の1割程度は、アデノウイルスによる感染といわれます。

2 咽頭結膜熱の症状

主に5～7日間（2～14日間）の潜伏期をへて、発熱で発症します。39℃を超えるような高熱が4～5日続きます。扁桃腺が腫れ、喉の痛みを伴い、頭痛、食欲不振やだるさを訴えます。目が真っ赤に充血し、目やにが出ます。涙が流れ、まぶしがるなどの症状があり、首のリンパ節が腫れます。症状が治まるまでには、約1週間かかります。目の症状や吐き気、頭痛、咳などが強い場合には、早めに医療機関を受診します。

咽頭結膜熱の治療は、対症療法になります。特に目の症状が強い場

特に注意したい年齢　12歳以下（小児が患者の6割）

0 1 2 3 4 5 6 7 8 9 10 11 12 13 14 15 16 17 18 19 20

合には、眼科的な治療が必要な場合もありますので、早めに受診します。

3 感染経路

感染経路は、患者からの飛沫による飛沫感染と手を介した接触感染、さらに塩素消毒が不十分なプールでの感染があります。

かつて咽頭結膜熱の流行の多くは、プールの水での感染でしたが、規定の塩素濃度を守って水の消毒が守られていれば、プールの水での感染はありません。しかし、管理が不十分であった場合では、アデノウイルスに汚染された水が目の結膜に直接入って感染することがあります。その他、プールでのタオルの共用が感染につながった場合もあります。

また、ドアノブや階段の手すり、エレベーターのボタンなどに患者からのウイルスが付着していることがあります。アデノウイルスは感染力が強いため、これらが口から入った場合にも感染は起こります。症状があるのは3～5日で、この急性期の最初の日数が最も感染力のある時期です。しかし、症状が消えた後も1か月程度は、尿や便中にウイルスが排泄されます。

さらに感染しても発症しない不顕性感染の人が無症候病原体保有者となる場合もあるので、感染を予防することが難しい病気です。

6月くらいから感染者が出始めて、7～8月に一番多く感染者が発生します。しかし、秋や春にも小さな流行がみられるときもあります。小さな規模での流行の多くはプールでの感染によるものですが、近年では、高齢者介護施設や病院などでの報告もあります。このような場合は、季節を問いません。

かつてはプールを介した学校での大流行がみられ、「プール熱」とよばれましたが、プールの塩素消毒により、そのような大流行はみられず、飛沫感染などが主と思われます。

4 どんな人が感染しやすいのか

幼児から児童です。5歳以下の小児が患者の6割を占めます。

2_咽頭結膜熱への対応

1 予防対策

予防対策としては、感染者との密接な接触は控え、流水でよく手を洗います。消毒には次亜塩素酸を使用します。エンベロープをもたないウイルスなので、消毒用アルコールの効果は限定的です。逆性石けんやイソプロパノールは効果があります。煮沸消毒も有効です。

プールについては、水を規定の塩素濃度で消毒して管理します。学校環境衛生基準では、プールの遊離残留塩素濃度は、0.4mg／L以上、1.0mg／L以下が望ましいとされています。プールの水は、定期的にチェックします。基本的には規定の塩素濃度を守っていれば問題ありませんが、一時的な閉鎖が必要な場合もあります。プール時の指導としては、前後のシャワーをよく浴びるように指導し、また、タオルの貸し借りもしないようにさせます。特に、目にウイルスを運ばないように、目をこすらないよう指導することが必要です。プールでのゴーグル使用は感染防止につながります。

家庭では、患者と眼鏡やタオル、寝具などを分けて使います。入浴では、感染者は一番最後に入るようにし、できたらシャワーで済ませます。洗濯も感染者が使用したものは分けて行いましょう。

2 咽頭結膜熱のワクチンについて

米国ではアデノウイルス4型、7型の経口生ワクチンがあり、軍隊の新兵たちへ接種が行われています。しかしながら、日本ではありません。

咽頭結膜熱（プール熱）

咽頭結膜熱についてのお知らせ

咽頭結膜熱は、アデノウイルスが原因で起こる、子どもによくみられる感染症です。夏に流行しやすく、プールでの感染が多かったのでプール熱ともよばれます。

咽頭結膜熱の症状

喉の痛みとだるさを訴え、急に 39 ～ 40℃の高熱が出ます。目は赤く充血し、首のリンパ節が腫れます。子どもによっては関節痛や頭痛、腹痛や下痢を訴え、熱は4～5日続きます。治癒までには、約1週間かかります。毎年、6月頃から夏をピークに流行します。塩素できちんと消毒されたプールではうつりません。

どうやってうつるの？

咽頭結膜熱の感染は、「飛沫感染」あるいは「接触感染」です。ウイルスは、感染者の鼻水・目やに・便の中にあり、それらが鼻・喉・目に入ることで感染します。感染力が強く、患者が触れた物に触ることで感染する場合もあります。そのためプールでも、水を介した感染も大きな原因となっていますが、タオルの貸し借りを行うことも大きな原因の一つとなっています。絶対タオルの貸し借りはしないようにしてください。また、潜伏期間は5～7日（2～14日）とされ、治癒後も長く、尿・便にウイルスが排出されます。

咽頭結膜熱の予防について

手洗い・うがいは正しく行う。

ハンカチやタオルの貸し借りはしない。

プールの前後は、きちんとシャワーを浴びる。

家庭内でも感染伝播することの多い病気です。看護している人が感染したり、きょうだいが感染することもあります。便の中にウイルスが長期間排出されますので、おむつ替えの後などは特に念入りに手を洗ってください。

咽頭結膜熱にかかったら…

✚ 家庭での対応

39～40℃の高熱が出ます。発汗し、喉の痛みから水分を摂りにくくなりますが、十分に水分を与えるようにしてください。食事はのどごしのよい、冷たく甘いものがよいでしょう。治るまで、ご家庭で十分な期間、安静に療養させてください。

✚ どんな治療をするの？

治療は主に、対症療法が中心です。解熱剤を使い、結膜炎があれば、二次感染を予防するために抗生剤の点眼を行います。

✚ 登校、登園について

学校保健安全法では、第二種の感染症に指定されている病気です。主な症状（発熱・目の充血・喉の痛みなど）がなくなってから、2日を経過するまで出席停止です。

インフルエンザ〈季節性インフルエンザのA（H1N1）亜型、A（H3N2）亜型、B型について〉

【Influenza】

毎年、日本では冬になると流行する季節性インフルエンザは、急な高熱、筋肉痛、関節痛、頭痛等で発症し、その後、鼻水、咳、くしゃみ等の症状が出てきます。重症化すると気管支炎や肺炎も併発する急性の呼吸器感染症です。インフルエンザウイルスは、少しずつ変異を起こしながら、人の免疫記憶をすり抜けて流行を起こすため、ワクチンは毎年接種することになります。

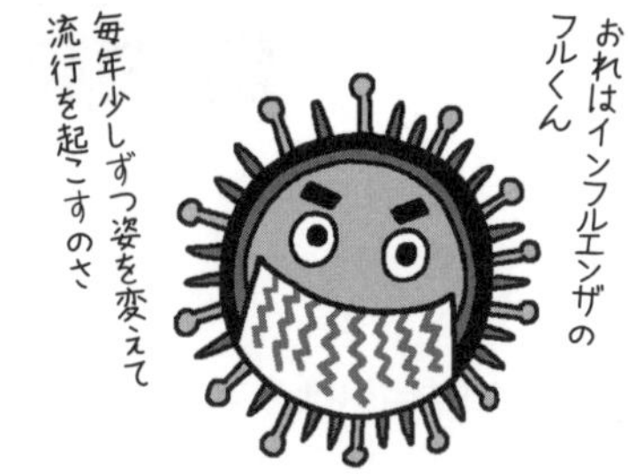
おれはインフルエンザのフルくん
毎年少しずつ姿を変えて流行を起こすのさ

【インフルエンザ】の法的な扱い

❶学校保健安全法
インフルエンザは、「学校において予防すべき感染症（学校感染症）」では、「第二種」の感染症です。発熱した翌日を1日として数え、発症した後5日を経過し、なおかつ解熱した後2日を過ぎるまで出席停止となります。幼児では、発症した後5日を経過し、かつ解熱した後3日を経過するまで出席停止です。抗インフルエンザ薬を服用して早く解熱した場合も、発症後5日を経過するまで登校、登園を控えます。インフルエンザウイルスは感染する力が強いため、周囲への感染の拡がりを抑止することが必要だからです。

❷感染症の予防及び感染症の患者に対する医療に関する法律
インフルエンザ（鳥インフルエンザ及び新型インフルエンザ等感染症を除く）は、五類感染症で、インフルエンザ定点医療機関（全国約5000か所の内科・小児科医療機関）、及び基幹定点医療機関（全国約500か所の病床数300以上の内科・外科医療機関）から週ごとに発生報告が届け出されます。

1_インフルエンザとは

1 病原体

病原体はインフルエンザウイルスで、A型とB型が流行を起こします。ウイルスの型によって、症状が異なるということはありません。インフルエンザは感染力が強いため、学校や幼稚園、保育所で、クラスや学年ごとに流行が起こることがあります。

2 インフルエンザの症状

インフルエンザの潜伏期は2、3日と短く、急な悪寒から突然の発熱（38〜40℃）で発症します。倦怠感があり、筋肉痛、関節痛等が起こります。発熱後、数日で咳や鼻水がひどくなります。また、腹痛、嘔吐、下痢などの症状が出る場合もあり、普通のかぜよりも症状が重くなります。インフルエンザか否かは、喉や鼻などの分泌物や血液の検査によって確認されます。

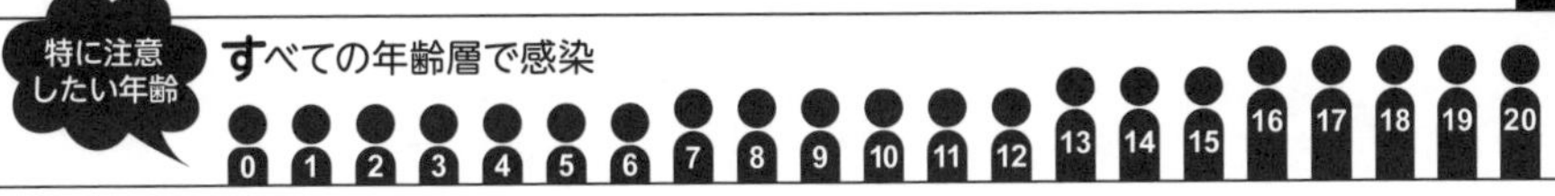

インフルエンザの合併症としては、気管支炎や肺炎、特に幼児ではインフルエンザ脳症などの重症な合併症を起こしやすく注意が必要です。呼吸が速く、息が苦しい、また胸部が痛いなどの場合は、肺炎の注意が必要です。また、反応がおかしい、ぼうっとしている、異常な言動、行動を取るなどした場合には、インフルエンザ脳症の可能性があります。すぐに医療機関を受診します。このような重症な合併症を起こしやすい点もかぜとは異なる点で、インフルエンザはかぜとは区別して対応すべき病気です。

インフルエンザの治療については、抗インフルエンザ薬があります。2018年からは、１回の服用で治療できるゾフルーザ®という薬も使用できるようになりました。また抗インフルエンザ薬「タミフル」は、ティーンエイジャーへの使用が一部制限されていましたが、2018年５月にこの「タミフル」に対しての10代の患者への使用差し控えが解除されました。タミフル使用と異常行動との明確な因果関係は不明とした調査結果を踏まえた対応です。同じ抗インフルエンザ薬のリレンザ、イナビル、ラピアクタについても10代での使用制限はありません。しかし、インフルエンザに罹患している子どもは異常行動を起こしやすいとされていますので、注意深い見守りが必要です。なお、抗生物質は、インフルエンザウイルスには効果はありません。

インフルエンザでは、鎮痛解熱剤には注意が必要で、アスピリンは小児にライ症候群という重症な脳症を起こすことがあるので、使用してはいけません。過去に処方されて保管していた薬や他の家族の薬を勝手に服用させるのは控えます。医療機関を受診し、指示に従います。ジクロフェナクナトリウム、メフェナム酸などの消炎鎮痛解熱剤も、小児におけるインフルエンザ脳症を悪化させる可能性があり、日本では使用しないようになっています。

インフルエンザに罹患した子どもは、なるべく目を離さないようにして看護します。暖かい部屋で安静に寝かせ、水分を十分に補給します。

インフルエンザで注意すべき鎮痛解熱剤（サリチル酸系医薬品等）

アスピリン、アスピリン・アスコルビン酸、アスピリン・ダイアルミネート、サリチル酸ナトリウム、サザピリン、サリチル酸アミド、エテンザミド、ジクロフェナクナトリウム、メフェナム酸

A（H3N2）はA香港型、A（H1N1）はAソ連型とよばれてきました。2009年に世界的に大流行したインフルエンザは、パンデミックA（H1N1）2009と よばれ、H1N1に分類されていますが、ソ連型とはかなり違ったウイルスでした。現在は季節性のインフルエンザとしてみられます。

インフルエンザを発症して２日以内に、走り回ったり、飛び出したり、大声で叫ぶなど異常行動が出やすいとされています。事故が起こらないように、なるべく目を離さないようにしてください。

③ 感染経路

主な感染経路としては、インフルエンザウイルスを含む咳やくしゃみの飛沫を吸い込むことによる飛沫感染と、手指を介して鼻や口にウイルスが付着する接触感染があります。発症する約1日前の潜伏期から、ウイルスを排泄するとされています。発症後5日を経過し、かつ解熱後2日を過ぎるまでは出席停止となっています。幼児では、発症後5日を経過し、かつ解熱後3日まで登園を控えてもらいます。インフルエンザでは、出席停止期間を守ってもらうことが大切です。

日本では、12月頃に流行が始まり、1月から3月にピークを迎えて、3月から4月に収束していくことが多いようです。学校や職場などの人の集まる場所で感染が拡がりやすい病気です。

④ どんな人が感染しやすいのか

学校で流行しやすい病気です。乳幼児と高齢者、妊婦は重症化しやすいので特に注意が必要です。流行期に人混み、満員電車、換気の悪い部屋などで患者から感染することが多いようです。

2_インフルエンザへの対応

① 予防対策

インフルエンザは咳やくしゃみで感染するので、流行時には人混みを避けます。帰宅後は手洗いを欠かさずにします。口の中を衛生的に保つことも、インフルエンザ予防には大事です。咳やくしゃみが出る人は、他者にうつさないようにマスクをし、マスクがない場合にはティッシュ等で鼻や口をおさえて、咳やくしゃみをするなどの咳エチケットを励行します。

また、家庭では、インフルエンザを発症した患者と異常のない者とは、寝室を分けるなどし、加湿と換気に注意します。室内のウイルス濃度を低減させることは、他者への感染を予防する上で大切なポイントです。

② インフルエンザのワクチンについて

不活化インフルエンザワクチンには、通常、A(H3N2)型、A(H1N1)型、B型（ビクトリア系統）とB型（山形系統）の4つの型が入っています。インフルエンザは毎年少しずつ形を変えるので、インフルエンザのワクチンは、毎年接種することが必要です。10月、11月になるべく接種し、遅くとも12月前半までに完了することが望ましいと考えます。保護者用のお知らせを配布するのも一案でしょう。ワクチンは重症化を阻止する効果が確認されています。

ワクチンの接種は、小児（13歳未満）では２回、13歳以上では通常１回接種します。65歳以上の高齢者は定期接種（B類）ですが、それ以外は任意接種です。2015／16年シーズンから、A（H3N2）、A（H1N1）と、B型の２つのタイプを含む４価ワクチンが日本でも使用されるようになりました。

インフルエンザ

季節のインフルエンザは冬になると流行します
それまでのウィルスが少し変化したものが流行します
赤ちゃん、小さい子、お年寄りは病気が重くなりやすい！だから予防が大切ですね
インフルエンザワクチンを接種するとインフルエンザウイルスに対する免疫ができて重症になるのを防ぎます
へー人間の体っておもしろいね
ワクチンをうつと悪いウイルスから体を守ってくれるのよ！

インフルエンザ（季節性インフルエンザ）についてのお知らせ

インフルエンザはインフルエンザウイルスの感染によって起こる病気です。インフルエンザウイルスは姿形を変えて現れるので、私たちの体の免疫をすりぬけて、くり返しインフルエンザにかかることがあります。日本では毎年冬になると現れ、10人に1人くらいがインフルエンザにかかります。インフルエンザウイルスに感染しないように予防しましょう。

インフルエンザってどんな病気？

突然高い熱（38〜40℃）が出て、咳や鼻水、くしゃみなどの症状の他、筋肉や関節など体が痛くなります。これが通常1週間くらい続きます。インフルエンザにかかると学校は出席停止になります。

咳、鼻水、くしゃみ等かぜの症状に加えて…

38〜40℃の高熱や、筋肉、関節など体の痛み

インフルエンザの出席停止期間について

インフルエンザの治療薬を使うと早く解熱することがあります。しかし、感染力の強いウイルスは体の中に残ったままです。「発症した後5日を経過し、かつ、解熱した後2日（幼児にあっては3日）を経過するまで」出席停止となるため、必ず医療機関を受診して、指示を受けましょう。

		発症日（0）	1日目	2日目	3日目	4日目	5日目	6日目	7日目	8日目	9日目
発症後1日目に解熱した場合	学校	発熱	解熱	解熱後1日目	解熱後2日目			登校可能	解熱後2日たっても、発症後5日たたないと登校できません。		
		出席停止	→	→	→	→	→	登校可能			
	園	発熱	解熱	解熱後1日目	解熱後2日目	解熱後3日目		登園可能	解熱後3日たっても、発症後5日たたないと登園できません。		
		出席停止	→	→	→	→	→	登園可能			
発症後3日目に解熱した場合	学校	発熱	発熱	発熱	解熱	解熱後1日目	解熱後2日目	登校可能			
		出席停止	→	→	→	→	→	登校可能			
	園	発熱	発熱	発熱	解熱	解熱後1日目	解熱後2日目	解熱後3日目	登園可能		
		出席停止	→	→	→	→	→	→	登園可能		
発症後5日目に解熱した場合	学校	発熱	発熱	発熱	発熱	発熱	解熱	解熱後1日目	解熱後2日目	登校可能	
		出席停止	→	→	→	→	→	→	→	登校可能	
	園	発熱	発熱	発熱	発熱	発熱	解熱	解熱後1日目	解熱後2日目	解熱後3日目	登園可能
		出席停止	→	→	→	→	→	→	→	→	登園可能

※発熱した日を0日とします。月曜日に熱が出たら翌日に解熱しても、火・水・木・金・土の5日間は出席停止です。

インフルエンザの予防

1 手洗い

手は色々なものに触っているので、知らないうちにウイルスがくっついているかもしれません。石けんで泡立ててしっかりと洗いましょう。

2 マスクの着用

ウイルスが飛び散るのを防ぐことができます。また、喉を温めたり湿度を保つことができ、ウイルスが増えにくい状態になります。

3 咳エチケット

マスクをしていない場合、咳をするときはティッシュやハンカチ、自分の腕で鼻や口を押さえ、ウイルスが飛び散らないようにします。

4 適度な保湿を

空気が乾燥すると、インフルエンザにかかりやすくなります。加湿器などを使って適切な湿度（50～60%）を保つようにしましょう。

5 外出を控える

インフルエンザが流行しているときは、人混みや繁華街への外出は控えます。やむを得ない場合にはマスクを着用しましょう。

6 予防接種

10月から受けられます。流行までに少なくとも1回はワクチンを受けておくと安心です。13歳未満は2回の接種が勧められています。

インフルエンザにかかってしまったら

他の人にうつさないように、安静にしてすごしましょう。

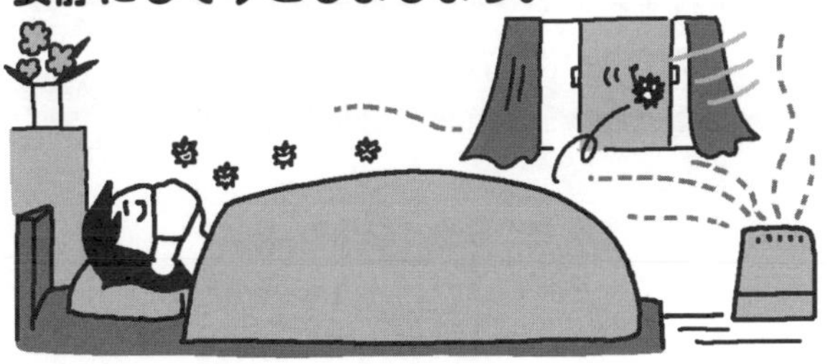

冷やすと効果的なところ

- 首の周り
- わきの下
- 足のつけ根

水まくら
ぬらしたタオル
ケーキの保冷剤も使えるよ！

15歳未満の子は解熱剤に注意！

15歳未満の子どもの場合は、種類によっては、ライ症候群をひき起こす可能性があります。子どもに飲ませてよいのはアセトアミノフェンの成分が入っているもので、アスピリンが入っているものは、飲ませてはいけません。子どもに飲ませる薬については、大人用の薬を半分だけ飲ませるなど素人判断での服用はいけません。必ず医師、薬剤師に相談してください。

発熱時は、薬以外の方法で熱のコントロールをすることも大切です。子どもが寒がるときは重ね着や毛布をかぶせるなどして、体を温めてあげてください。反対に暑がるときには、汗をかきますので体をタオルでふいてあげます。平熱が24時間続いたら、熱が下がったという目安になります。

Column

Infectious Diseases／感染症コラム 01

H5N1型鳥インフルエンザ

複数ある鳥インフルエンザの中でも、H5N1型高病原性鳥インフルエンザは、鶏等の家禽に感染すると致死的な症状を出して、鶏舎に壊滅的な被害を出します。このH5N1型鳥インフルエンザは2003年以降、東南アジアからアフリカ、ヨーロッパなど広い地域の鳥の中に拡大し、日本にも侵入しておびただしい数の鶏が殺処分されました。野鳥がウイルスを運んでくることもあり、近隣地域で鳥インフルエンザが発生している等の場合には、学校等で飼育している鳥類が感染する可能性も考えねばならない感染症です。

本コラムでは、H5N1型鳥インフルエンザについて、人が感染した場合の想定される症状と学校保健安全法等での取り扱い、学校で飼育している鳥類等への対応について解説します（新型インフルエンザへの対応ではありません）。

どんな病気？

はじめ鳥の中で感染が拡大したH5N1型鳥インフルエンザは、その後、人への感染も起こすようになり、現在までに世界で数百人以上が感染しています。日本での感染者は発生しておらず、東南アジアやアフリカ等の地域を中心に感染・犠牲者が報告されています。感染した鳥に直接、触れたり、近い距離（1～2m程度）で密に接触したなどの場合に人が鳥インフルエンザに感染することがあります。

感染後の潜伏期間は約2～7日で、その後発熱、呼吸器症状などのインフルエンザの症状から、下痢、急速に進行する肺炎、多臓器不全等の重篤な症状に発展し、致死率は5割にも上ります。10代、20代の若い世代に特に重症化しやすく、致死率も高い傾向が認められます。タミフル等の抗インフルエンザ薬を使った治療が行われます。

今後、鳥インフルエンザは偶発的な人への感染をくり返すことにより、遺伝子の変異を引き起こす可能性があります。それにより、人から人へ容易に持続的に感染をくり返す新型インフルエンザに変化して大流行を起こす可能性があります。しかし、それがいつ、どのような形で発生するかはわかりません。

治療・予防は？

病鳥やその死体、排泄物には手を触れず、もしも触れた場合にはすぐに

H5N1 型鳥インフルエンザの法的な扱いについて

学校保健安全法
第一種の感染症です。

感染症の予防及び感染症の患者に対する医療に関する法律
H5N1・H7N9 型鳥インフルエンザの感染者が出た場合には、感染症法では二類感染症として扱われます。

よく手洗いをするように指導します。

学校や幼稚園、保育所で飼育している鳥類について、現在（2019年1月）のところ一般的な飼育上の注意を超えた特別な注意は必要ないと考えられますが、複数の鳥が不自然に死んでいるなどの場合には、最寄りの保健所に連絡します。そのような場合には、子どもたちが飼育場所に近づかないようにさせます。特に子どもたちは興味から近づくおそれがあるので、注意します。

最悪の病原性をもつ
鳥インフルエンザ
H5型は
死神インフルエンザ
デビルフルー

海外旅行などで鳥インフルエンザが発生している国に渡航する場合には、家禽や野鳥などを取り扱うマーケットや飼育場所には出向かないようにします。また、発生地域では十分に加熱調理された鶏肉や卵を食べるようにします。

鳥インフルエンザは、人から人への感染効率は悪く、季節性のインフルエンザのようにどんどん感染が拡大するようなことはありません。しかし、鳥インフルエンザから新型インフルエンザに変化してしまうと、次々と人から人へ感染伝播をくり返して、大流行を起こすことになります。このように鳥インフルエンザと新型インフルエンザは、その伝播効率や流行規模も全く異なります。そのため、法的な対応も公的にとられる対策も、全く異なります。

※H5N1新型インフルエンザについては、拙著『新型インフルエンザの学校対策』（東山書房）をご参照ください。

H7N9 型鳥インフルエンザ

2013年春から中国でH7N9型鳥インフルエンザの人への感染・死亡報告が続き、すでに2018年８月現在で1000人を超える感染者が出ています。この鳥インフルエンザが新型インフルエンザとなることも強く懸念されています。国は2019年度からH7N9型ワクチンを1000万人分備蓄する計画を進めています。

ウイルス性肝炎（血液などで媒介されるB型肝炎）

【Viral Hepatitis】

肝臓にウイルスが感染して、肝細胞がこわれたり、その機能を損なうなどして、肝炎を起こすことがあります。これがウイルス性肝炎です。原因となる肝炎ウイルスには、A型、B型、C型、D型、E型の５種類が知られています。ここでは血液や体液で伝播され、保育所、幼稚園、学校の教職員が特に注意すべきB型肝炎を取り上げます。日本では年間6000人の新規感染者があり、B型肝炎ウイルスによる肝臓がんの死亡者数は年間約5000人、肝硬変による死亡者数は1000人と推定されています。

【ウイルス性肝炎】の法的な扱い

❶学校保健安全法
ウイルス性肝炎は「学校において予防すべき感染症（学校感染症）」では、「その他」の感染症（第三種の感染症として扱う場合もある）。

❷感染症の予防及び感染症の患者に対する医療に関する法律
ウイルス性肝炎はA型肝炎及びE型肝炎を除き、五類感染症です（A型及びE型は４類）。診断した医師から全数が７日以内に最寄りの保健所に届け出されます。

1_ B型肝炎とは

❶ 病原体

B型肝炎の原因はB型肝炎ウイルス（HBV）で、DNA型のウイルス遺伝子をエンベロープという膜とコアという蛋白質が包んだウイルスです。外側のエンベロープ蛋白がHBs抗原、その内側のコア蛋白がHBc抗原で、それらに対して作られた抗体がそれぞれHBs抗体、HBc抗体です。HBs抗原が陽性であるということは、現在、B型肝炎ウイルスに感染しているということを示し、急性期の患者はこのHBs抗原に加えてHBc抗体（IgM抗体）が高値となり、診断に使われます。

かつて、日本ではB型肝炎ウイルスに持続的に感染している母親からの出生時の母子感染が多く、大きな問題となっていました。しかし、その後の国のB型肝炎母子対策事業の開始により、母子感染による新生児の感染防止に大きな効果が得られました。その結果、母子感染対策事業が開始された1986年以降に生まれた子どものB型肝炎ウイルスに感染している割合は、小児では0.02%程度と推計されています。B型肝炎ウイルスに感染したことを示す（HBVワクチン接種では陽性にならない）HBc抗体陽性者はこの数倍存在すると考えられますので、過去にB型肝炎ウイルスに感染した小児は一定の低い割合で存在すると考えられます。

また、17〜21歳の調査においても、HBs抗原陽性者は0.02〜0.03%、HBc抗体陽性者は0.20〜0.25%と小児と大きな差がないことから、幼少期に特定の小児で感染が生じていると考えられました。加えてB型肝炎ウイルスの特徴として、乳幼児などの免疫機能が未熟な時に、B型肝炎ウイルスにさらされると、そのウイルスを排除できず、高率で持続感染が成立します。このことからB型肝炎ワクチンを定期接種として乳児期に導入することになりました。

成人では感染すると急性肝炎を発症しますが、免疫でウイルスが排除され、9割以上で臨床的に肝炎は治ります。しかし、保育園児の年齢では約9割が症状を出さず症状が出たとしても“かぜ”程度のみも多く、ウイルス性肝炎に感染したかどうかは血液検査をしないとわからないことが多くあります。

そして、このような小児は血中に高いウイルス量を保持しながら、B型肝炎ウイルスが肝細胞で増殖していても、肝臓がほぼ正常に機能している無症候性キャリア（無症候性の持続感染）となります。その場合にはHBs抗原、HBe抗原などが陽性となります。この無症候性キャリアの血液中にはB型肝炎ウイルスが多く存在するため、他の人への感染・伝播に注意が必要です。

多くの場合、HBe抗体陽性、HBe抗原陰性を示す非活動性のキャリアとなり、血中のウイルス量が減ります（他人にはうつさない状態になります）。しかし、ウイルス量があまり低下せず、HBe抗原陽性の慢性肝炎が長期化すると肝炎の再燃を繰り返し、肝硬変、肝臓がんに進行する場合もあります。

2 B型肝炎の症状

B型肝炎ウイルスに感染後、1〜6か月後に食欲の低下、全身のだるさ、皮膚や目の結膜に黄色い色素が沈着するといった黄疸などの症状を伴い、肝炎を発症します。感染しても、症状が出ない人も多くいます。B型肝炎ウイルスに感染して、このような急性の症状が出るのは成人では30%、小児では10%程度とされ、この急性肝炎の患者のうち約2%が劇症肝炎を発症します。劇症肝炎の救命率は約3割とされます。

急性B型肝炎発症後、成人では9割以上の患者でHBs抗原陰性、HBs抗体陽性、肝機能正常となり、肝炎は臨床的には治癒し、慢性肝炎になるのは数%とされます。しかし、ウイルスは免疫に制御されていますが、肝臓細胞内に潜在しています。病気の治療等で免疫を抑制する薬剤等を投与されたことでHBVが再活発化し、肝炎を起こすことがあります。

一方、乳幼児の無症状キャリアでは血液中に高いウイルス量があることから、集団生活でのB型肝炎ウイルスの伝播・感染に注意が必要です。

2_ B型肝炎への対応

1 治療

治療はインターフェロン製剤と核酸アナログ製剤を用いて、B型肝炎ウイルスの増殖を抑え、病態の進展を抑えることを目標としています。

2 予防対策

乳幼児は無症候性キャリアとなりやすいため、以下に示す標準的予防策を普段から取ることが大切です。過去には、保育所での集団感染の事例も報告されています（pp.52〜53）。

一般的に本人に症状がない場合でも、血液や唾液、体液にはウイルスや細菌などの病原体が含まれている場合があります。B型肝炎ウイルスのキャリアであるか否かにかかわらず、すべての人において、血液、体液、喀痰、尿、便等に何らかの感染性があると考えて対応することは、「標準予防策」とよばれます。医療機関で行われている対応ですが、学校や幼稚園、保育所でもできるだけ取り行うべき対応だと思われます。

ひっかき傷や擦り傷、咬み傷、鼻血などの出血は、子どもたちが学校生活を送る中で日常的に起こります。一般的に血液や傷口からの滲出液には、さまざまな病原体が含まれていることがあります。そして、私たちの皮膚にある些細な傷口からもそれら病原体が侵入してくる可能性があります。B型肝炎ウイルスのキャリアの中には血液、体液などにはB型肝炎ウイルスが多く存在する人がいますから、傷口からの血液、滲出液などからの感染を防ぐ必要があります。慢性B型肝炎の患者でも、非活動性になったり、核酸アナログ製剤の投与などによって、血液中のウイルス量が非常に少なくなっている場合もあります。このような場合は周囲への肝炎ウイルスの伝播の可能性は低く抑えられます。

子どもや教職員に傷ができた場合には、速やかに手当をします。ケガ、手荒れ、皮膚病などで傷がある場合には傷口を絆創膏やガーゼなどで完全に覆うようにします。他の人の血液や体液が傷口に触れないように、また、自身の傷口からの血液や浸出液が他の人に触れることのないようにします。特に伝染性膿痂疹（とびひ：pp.122〜125）やアトピー性皮膚炎などで皮膚に多くの傷ができてしまっている場合には注意してください。

また、幼児や児童が自身で傷を適切に処置することは困難ですので、教職員が傷の手当をすることになります。このような処置にあたっては、使い捨てのビニール手袋を使用し、素手で行うことのないようにします。軟膏などはヘラで塗りましょう。年長の子どもで、自分で手当を行える場合には側で見守りながら、自分でやらせます。

鼻血などのついたティッシュやタオルなども素手で触れることは避けます。血液等が床に落ちたり、机等に付着した場合には、手袋を着用してふき取り作業をし、その後、次亜塩素酸ナトリウムで床や机を消毒します（B型肝炎はアルコール消毒が有効ですが、他の感染症、例えばノロウイルスの対策も考えると、広範囲な病原体に有効な次亜塩素酸ナトリウムを用いた消毒を推奨します)。作業終了後はすぐに手袋を外し、流水、石けんで手洗いを行います。作業した手袋の表面には病原体が付着していることがあり、接触感染を広げないように作業後はすぐに外し、廃棄します。

血液や体液に病原体が存在する可能性があるという認識はあまりされておらず、学校や幼稚園、保育所等でも吐しゃ物や排泄物の処理には手袋を使用しても、血液は素手で行うという事例も多く見られます。また、傷口からの血液、滲出液や体液にも、直接触れないようにガーゼ、絆創膏でおおって登校・登園するように保護者にも普段からお便り等で周知しておくことも大切です。

3 ワクチンについて

B型肝炎ワクチンは、2016年10月から0歳児を対象に定期接種となりました。2016年4月1日以降に生まれた人からその対象となっています。B型肝炎ワクチンを3回接種すると乳幼児ではそのほとんどがB型肝炎に対する免疫ができます。B型肝炎の予防は第一に予防ワクチンの接種ですので、保育園の職員はじめ教職員の人も医療従事者と同様にB型肝炎ウイルスに対する免疫がある（HBs抗体陽性）人以外は、B型肝炎ワクチンをご自身で接種することが望まれます。

血液を介して感染する病気を防ぐために

子どもたちの吐いたもの、汚物（便）、鼻水、痰などの排泄物だけでなく、血液にも感染症の原因となる微生物がいる可能性があるとして対応することが大切です。

血液を介した感染症を防ぐために

血液はケガをしたときの傷の手当てや鼻血の処置などで日常的に触れることがあります。その際には使い捨てのビニール手袋をする等して、直接触らないようにします（排泄物や分泌物なども同様です）。

また、鼻血や月経血など血液や体液が付着したものは、嘔吐物と同様にビニール袋に密閉して捨てるようにしましょう。血液がついた衣類などは、塩素系漂白剤で消毒します。

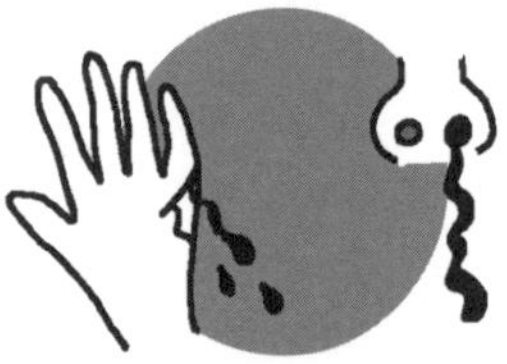

血液（排泄物・分泌物）

使い捨てビニール手袋を使って処理

処理に使ったカット綿やガーゼなどとともに、手袋ごと密閉して捨てる

やむを得ず素手で処理したら

流水と石けんで手をよく洗う

アルコール入の擦式消毒薬を擦り込む

皮膚や粘膜に傷がある場合の処置は…

ケガや手荒れ、病気などにより皮膚や粘膜に傷が生じ血液が出ることがあります。血液の中には様々な微生物が含まれている場合があり、皮膚に傷がある人が他の人の血液に触れた場合、そこから微生物が侵入する可能性もあります。そのため処置の際、皮膚に傷がある場合は傷口を絆創膏などで完全に覆うことが必要です。その上で、使い捨て手袋などを装着し、処置の後はしっかり手洗いをします。

また、消毒薬や軟膏などの外用薬を直接複数の子どもに塗るのは避け、学校で外用薬を塗る場合は、薬の容器が直接皮膚に触れないように気をつけてください。職員が塗るときは使い捨ての手袋を装着するか、使い捨てのヘラを使うのがよいでしょう。

B 型肝炎

B型肝炎ウイルスに感染している人が、ひっかき傷などからの浸出液や血液をそのままにしていると…。
子どもたちと触れ合ったとき、B型肝炎ウイルスを感染させてしまうこともあります。
だから、みんなが傷はガーゼや絆創膏で覆うことが大切。
2016年10月、B型肝炎ワクチンは定期接種になりました。
B型肝炎ワクチン
定期接種
血液でうつる感染症予防のため、血液は素手で触らないようにしましょう。

Column

Infectious Diseases／感染症コラム 02

B型肝炎の保育所における集団感染事例について

2002年、ある保育所において、園児19人、職員６人、合計25人のＢ型肝炎ウイルスの集団感染が発生しました。感染源はいくつかのルートがあると考えられましたが、Ｂ型肝炎ウイルスのキャリアであった職員からの感染ではないかと推定されました。その職員から園児、園児から園児、園児から職員、兄弟姉妹間の感染の可能性が考えられます。当時はＢ型肝炎の感染経路は母子感染、性感染、医療行為等と考えられていましたが、この集団感染によって、日常生活でも感染が起こることが確認され、その感染様式には皮膚疾患（出血や滲出液を伴う）が関与していることが示唆されました。

職員や感染した園児の６人には、アトピー性皮膚炎と掻いたことによる傷、出血がありました。皮膚疾患の治療、出血部位の保護、長袖の着用等の指導と処置行為の改善、タオルやスプーンの共用禁止、玩具の適切な管理指導が取られました。また標準的予防策に加えて、ワクチン接種の勧奨による感染拡大の防止策も取られました。

現在は、後に述べるようにＢ型肝炎ワクチンが定期接種となったため、乳幼児の感染リスクは大幅に下がっています。

B型肝炎ワクチンについて

Ｂ型肝炎ワクチン（HBワクチン）は、Ｂ型肝炎ウイルスを中和できるHBs抗体を誘導します。遺伝子組み換えにより作製され、アジュバンド（免疫増強剤）が添加されています。沈降Ｂ型肝炎ワクチン（酵母由来）（KMバイオロジクス株式会社の製造する「ビームゲン」とMSD株式会社が製造する「ヘプタバックス－Ⅱ」）を、通常では初回、その１か月後、さらにその５～６か月後の３回の接種となります。個人差はありますが、約20年以上効果が続くとされます。

2016年10月より、Ｂ型肝炎ワクチンは１歳未満の乳幼児を対象に定期接種となりました。標準的な接種期間としては、１回目を生後２か月で接種し、27日以上の間隔をおいて２回接種した後、第１回

B型肝炎

感染症の予防及び感染症の患者に対する医療に関する法律
ウイルス性肝炎（E型肝炎及びA型肝炎を除く）は五類感染症に指定され、診断した医師により7日以内に保健所に全数が届出されます。

目の注射から139日以上の間隔をおいて3回目を接種することとなっています。

B型肝炎ウイルスは遺伝子レベルの分類でA型からJ型までの遺伝子型に分類されます。この遺伝子型は地域性や臨床経過に違いが見られますが、日本ではC型が多く、次いでB型となっていました。近年、海外から持ち込まれたと考えられる遺伝子型AのB型肝炎ウイルスが急増しています。A型は遺伝子型C型B型に比べて慢性化しやすい傾向があります。

日常生活での注意

日常生活において、身体の接触のある行為やスポーツ（特に出血をしやすい競技）では、感染に十分注意が必要です。そのような競技をする人はワクチン接種を考慮する必要があります。

また医療、教育、福祉に関わる人は、あらかじめB型肝炎に免疫があるかどうかを検査し、免疫がなければB型肝炎ワクチンを接種することが大切です。

B型肝炎ウイルスキャリアの小児が不必要に活動制限を受けないように配慮することも大切です。

Column

Infectious Diseases／感染症コラム 03

エボラ出血熱

エボラ出血熱、ラッサ熱、マールブルグ病、クリミア・コンゴ出血熱はともにウイルス性出血熱で、すべて学校保健安全法で第一種感染症です。エボラ出血熱は、患者の血液や体液に接触することなどで感染が拡がり、致死率が非常に高く、予防ワクチンも有効な薬も開発されていません。これまで、アフリカ中央部で風土病的に発生していましたが、2014年、西アフリカ地域で大きな流行が起こりました。首都を含む都市での大流行であったため、航空機で潜伏期の感染者が移動・入国のおそれもあったため、日本でも検疫が強化されました。

どんな病気？

エボラ出血熱は、エボラウイルスの感染による病気です。突然の発熱、頭痛や倦怠感、筋肉痛、咽頭痛などのインフルエンザ様の症状が現れ、嘔吐や下痢を起こして急速に重篤化します。出血（吐血、口腔歯肉からの出血、消化管などからの出血）が70％にみられ、特に死亡例の大部分で起こっています。潜伏期間は、２～21日で多くの場合は７～10日です。致死率は50～80％にも上ります。

感染経路は？

エボラ出血熱は、インフルエンザのように咳やくしゃみで次々と感染するような伝播経路ではありません。主な感染経路は患者に直接接触すること等が原因となります。エボラウイルスに感染して発症している患者の血液や体液（分泌物、唾液、汗、嘔吐物、糞便などの排泄物）、もしくはそれらが付着した汚染物などに触れ、傷口や粘膜などからウイルスが侵入することで感染します。空気感染はしませんが、近距離での飛沫感染は否定されていません。しかし、日本の医療体制や衛生状態、生活環境では、エボラ出血熱が国内で流行する可能性は極めて低いと考えられます。

アフリカの流行が起こっている地域では、エボラウイルスに感染した野生動物やその死体、生肉に直接触れたことで人が感染し、人の社会にエボラウイルスが入り込んだと考えられています。この野生動物は、コウモリ

エボラ出血熱の法的な扱いについて

学校保健安全法
学校保健安全法では、第一種感染症で、治癒するまで出席停止です。

感染症の予防及び感染症の患者に対する医療に関する法律
感染症法では、もっとも危険な一類感染症で、診断した医師はただちに最寄りの保健所に届け出ます。流行地からの帰国者で、一類感染症の感染が疑われた場合、国立感染症研究所で検査を行い、その結果、感染が確認されれば、患者は感染症指定医療機関に移送され、医療行為が公費で施されます。

やサル類、アンテロープなどと考えられます。エボラウイルスの自然宿主は特定されていませんが、コウモリの一種はエボラウイルスを接種しても症状を出さないことから、自然宿主ではないかと考えられています。2014年の西アフリカにおけるエボラ出血熱の流行拡大に対して、外務省は現地に滞在する邦人に向けて「野生動物の肉は食べない」などの感染予防の注意を出しています。

2018年にはアフリカ中部のコンゴ民主共和国でエボラ出血熱の流行拡大が続き、局地的流行が続いています（2019年1月現在）。2014年の西アフリカで約1万1000人が死亡した史上最悪の流行に次ぐ、史上2番目の規模となっています。エボラウイルスが国境を越えて飛び火することも大変に心配されています。

診断・予防は？

ウイルスゲノムをRT-PCRで検出するほか、血中抗体や抗原をELISA法などで調べて、病原診断を行います。2019年1月現在では予防ワクチンは開発中ですが、大規模な臨床試験で高い有効性が示されるワクチンも出てきました。2018年のコンゴの流行で使用され、実際の効果をさらに確認しています。

カンピロバクター感染症

【Campylobacter infections】

鶏肉は
白くなるまで
加熱したほうが
身のためだよ
コケッコケッ

カンピロバクターを原因菌とする食中毒は多く、飲食店での感染事例の他、学校の調理実習での食中毒も起きています。食材を十分に加熱することや特に鶏肉を扱った後の手洗い、調理器具の洗浄、消毒等の二次感染の防止を徹底することが大切です。主な症状は下痢、腹痛、発熱などです。まれに、発症の1〜3週間後にギラン・バレー症候群という末梢神経の麻痺を起こすことがあります。

【カンピロバクター感染症】の法的な扱い

❶学校保健安全法
カンピロバクター感染症は、「学校において予防すべき感染症（学校感染症）」では、「その他」の感染症（第三種の感染症として扱う場合もある）です。症状が良くなれば登校は可能です。排便後の手洗いを励行することが大事です。

❷感染症の予防及び感染症の患者に対する医療に関する法律
カンピロバクター感染症（感染性胃腸炎）は、五類感染症で、全国約3000か所の小児科定点医療機関から週ごとに発生報告が届け出されます。

❸食品衛生法
カンピロバクターの食中毒が疑われる場合は、24時間以内に最寄りの保健所に届け出をします。

1_カンピロバクター感染症とは

❶ 病原体

カンピロバクターは、螺旋状の桿菌でコルクスクリュー様の運動をします。鶏などの家禽では常在菌として腸管内に生息し、牛や羊、豚などの消化管にも存在します。

細菌には大きく分けて、丸い球菌と細長い桿菌があります。

❷ カンピロバクター感染症の症状

カンピロバクター感染症の潜伏期間は通常2〜5日で、下痢（水様性、血便、粘血便）、腹痛、嘔吐、頭痛等の症状が出ます。下痢は1日に数回ですが、重症な例では大量の水様性の下痢により、急速に脱水症状に至る場合もあります。

ほとんどの場合には、予後良好で自然に治癒します。重症例には対症療法と抗菌剤による治療が行われます。その際には、マクロライド系の抗菌剤などが使用されます。下痢止め薬は排菌を遅延させる可能性があるので使用しません。なお、感染の1〜3週間後に、

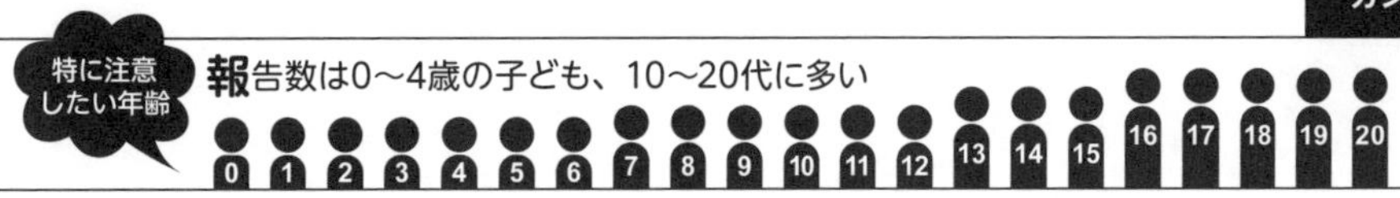

ギラン・バレー症候群を発症した症例が報告されています。

カンピロバクター腸炎にかかった後、（多くは２〜３週以内に）免疫反応による末梢神経麻痺が起こることがあり、ギラン・バレー症候群といいます。

❸ 感染経路

カンピロバクターは、鶏や牛、豚、羊、犬、猫などの動物の消化管の中に生息し、糞便中から検出されることがあります。

特に鶏肉では、十分な加熱をせずに食べたり、手や調理器具などを通して、経口摂取して感染することがあります。これは、大量の鶏を処理する食肉加工の作業の中で、消化管内の菌が精肉に付着することがあるからだと考えられます。鶏肉を扱う調理のときは、他の食品にカンピロバクターが付着しないよう、十分な洗浄や消毒が必要です。なお、卵が原因のカンピロバクターの感染報告はありません。

一方、牛や豚の消化管にもこのカンピロバクターは存在しますので、これらの肉も十分な加熱をして食べるようにします。数百個の菌で感染が成立するため、カンピロバクターが付着した食品を少量食しただけでも発症する可能性があります。

感染・発症者の下痢や腹痛、発熱等の症状が治まっても、便中に菌が２〜３週間排泄されるので、排便後の手洗いの励行が重要です。

❹ どんな人が感染しやすいのか

感染者の報告数は、０〜４歳の小児と10〜20代の青年層に多くあります。重症化しやすい人たちは、小児や高齢者などの抵抗力の弱い人や、他の病気等で免疫力が低下しているような人たちです。

2_カンピロバクター感染症への対応

❶ 予防対策

鶏肉は十分に加熱して食べるようにします。肉の中心部が白くなるまで火を通します。中心部が75℃で１分間以上になるように加熱します。もちろん鶏肉だけでなく、牛や豚のレバーなどもよく加熱して食べます。基本的に肉類はよく加熱してください。また、調理の際にも感染しないように気をつけてください。調理の順番を考え、サラダ等を先にし、鶏肉などを取り扱う料理は後にします。まな板、包丁などの調理器具は、肉類専用のものを決めてしまうなど、肉類と野菜類で分けても効果的です。鶏肉等の肉類を扱った後には洗剤を使用した２度洗いをするようにしてください。調理器具は洗浄後、熱湯消毒をするなどの衛生対策を取ります。

焼肉やバーベキューでは、肉類を扱う箸やトングを決め、食事に使用するものと分けます。調理者の手洗い励行はもちろんです。

日常生活でも、トイレの後などの手洗いを励行します。特に下痢症状がある場合は念入りに行います。学校の調理実習でのカンピロバクター感染の報告もありますので、子どもにも予防対策をしっかり指導してください。

❷ カンピロバクター感染症のワクチンについて

カンピロバクター感染症の予防ワクチンはありません。

カンピロバクター感染症

カンピロバクター食中毒
予防のためのお知らせ

カンピロバクターは食中毒を起こす病原菌です。生の鶏肉や牛肉が原因食品となっている例が多く、その他、生乳の畜産食品や水（井戸水）などの例もあります。カンピロバクター食中毒は料理方法や手順の工夫などで防ぐことのできる病気です。予防方法を身につけ習慣にするよう心がけてください。非常に少ない個数でも感染するカンピロバクターは、ノロウイルスやO157などと同様に注意すべき病原体です。正しい知識を身につけ、感染を予防しましょう。

カンピロバクター食中毒ってどんな病気？

カンピロバクターの生息場所は、鶏などの消化器です。鶏などを処理する食肉工場でも、肉にカンピロバクターが付着してしまうことがあります。その菌が口に入ってから2〜5日程で腹痛、下痢そして発熱などの症状が出ます。下痢、嘔吐、腹痛、血便がひどいときは、自己判断で下痢止めなどを飲むことはせず、医療機関を受診するようにしてください。

カンピロバクター食中毒を予防するために

カンピロバクターは、食品の十分な加熱調理と、生肉などを触った手指や使った調理器具を介した汚染を防ぐことで、感染を防止できます！

鶏肉は
↓
白色になるまで

液体石けんで
2度洗いを！

分けて使えないときは
すぐに洗って
熱湯消毒を！

❶ 食肉は十分に火を通しましょう。鶏肉は特に気をつけて十分に加熱をします。

❷ 鶏肉や生肉を触ったら、他のものに触る前に、手をよく洗いましょう。

❸ まな板や包丁は、肉と他の食品を分けて使いましょう。

手や調理器具を洗うときには、周囲の食品や食器、調理器具等に菌が飛び散らないように気をつけて！

❹ 調理の順番を考えましょう。

サラダや和えものなどは先につくり、その後に鶏肉などの肉料理の作業をしてください。

❺ バーベキュー、焼き肉、鍋物にも注意しましょう。

食材を扱う箸やトングと、食べるときの箸とを分けてください。

❻ 冷蔵庫で保存の際も気をつけましょう。

ビニール袋を2重にして汁がもれないようにしたり、フタ付容器を使うなどして保存してください。

急性灰白髄炎（ポリオ）

【Poliomyelitis】

ポリオウイルスは口から人の体に入って、腸管で増殖して感染します。多くの場合は、病気として発症せずに免疫ができますが、一部の人では手や足に麻痺が起こることがあります。そして、この麻痺は、一生残ることがあります。日本では、約50年前まではポリオの流行をくり返していました。1960年に大流行があり、このとき我が国ではポリオ生ワクチンが認可されていなかったため、カナダ、旧ソ連から緊急輸入されて小児に一斉投与されました。このように、ポリオには有効なワクチンがあり、WHOは地球上からのポリオ撲滅を目指して、世界中の子どもにポリオワクチンが投与できる活動を行っています。日本では、野生株は根絶されましたが、世界との交流が盛んな現在では、海外からの持ち込みのリスクがある限りワクチンの接種を継続し、抗体価を高く維持することが必要です。

古代のレリーフに残るポリオ
細い片足はポリオと考えられます

【急性灰白髄炎】の法的な扱い

❶学校保健安全法
急性灰白髄炎は、「学校において予防すべき感染症(学校感染症)」では、「第一種」の感染症です。指定病院に入院して、急性症状が治るまで出席停止となります。

❷感染症の予防及び感染症の患者に対する医療に関する法律
急性灰白髄炎は、二類感染症で、全数が診断した医師から直ちに最寄りの保健所に届け出されます。

1_急性灰白髄炎（ポリオ）とは

1 病原体

病原体はポリオウイルスです。ポリオウイルスには、1型、2型、3型があります。自然宿主は人のみです。

2 急性灰白髄炎（ポリオ）の症状

急性灰白髄炎（ポリオ）の感染から発症までの潜伏期間は、4～35日（平均15日）です。ポリオウイルスに感染しても、多くの場合では症状を出さずに（不顕性感染）、知らない間に免疫を獲得しますが、5～10%の人に、上気道炎、胃腸炎症状などの軽度のかぜ様症状を起こします。さらにウイルスが血中から脊髄に到達して感染すると、手足に弛緩性の麻痺を起こすことがあり、生涯にわたって麻痺が残る人も少なくありません。麻痺の発生する確率は0.1～2%とされます。呼吸困難によって亡くなる人もいます。

特に注意したい年齢

日本では、現在、報告事例はありません。

0
1
2
3
4
5
6
7
8
9
10
11
12
13
14
15
16
17
18
19
20

3 感染経路

ポリオウイルスは感染した人の糞便中に排泄され、そのウイルスが口から入って感染します。また、唾液などを介した経口感染もあります。ポリオウイルスは、咽頭や小腸の粘膜で増殖し、やがて血液中に入ります。

4 どんな人が感染しやすいのか

ポリオワクチンを接種していない人（不充分な人）がポリオの流行地に行くことはとても危険です。現在、ポリオはパキスタン、アフガニスタン、パプアニューギニア、シリア、ケニア、コンゴ民主共和国、ソマリア、ナイジェリア等で発生し、そこから周辺国にもち込まれています。

2013年～2014年にかけて、アフガニスタン、パキスタン、ナイジェリアの流行地以外に、イラク、シリア、イスラエル、エチオピア、ケニア、ソマリア、カメルーン、赤道ギニアなどへ伝搬しました。

2_急性灰白髄炎（ポリオ）への対応

1 予防対策

海外では生水を飲まない、加熱したものを口にする、よく手洗いする、などが大切です。

2 急性灰白髄炎（ポリオ）のワクチンについて

ワクチンによってポリオの発生を予防することが大切です。2012年から、ポリオワクチンの定期接種は生ワクチン（経口型の飲むワクチン）から不活化型ワクチン（注射型）に代わりました。

不活化ポリオワクチンは、通常、DPT-不活化ポリオ4種混合ワクチン（DPT-IPV）として接種され、初回3回、追加1回の4回の接種が必要です。初回接種は、標準的には生後3か月から12か月に3回で、20日～56日までの間隔をあけます。追加接種は標準的には、初回接種から12か月～18か月（最低6か月後）に1回を接種します。不活化ワクチンでは経時的に抗体価が下がってしまうため、就学前（5～7歳）での追加接種（5回目：任意接種）が推奨されています。

急性灰白髄炎（ポリオ）に対する有効な治療方法はなく、ワクチンでの予防が肝心です。ポリオワクチンをきちんと接種しているか、確認が必要です。

2018年8月1日、日本小児科学会は学童期以降の百日咳とポリオに対する免疫を維持するために、5～7歳未満の就学前にDPTと不活化ポリオワクチンを任意接種で追加接種することを推奨することとしました。DPTとIPVは追加接種できるのですがDPT-IPV 4種混合ワクチンは5回目の認可はされていません（2019年1月現在）。

急性灰白髄炎（ポリオ）

ポリオワクチンって、受けた？
たしか合計4回受けたわ
右ページ参照〈定期接種〉初回接種（3回）追加接種（1回）
でも日本って今ではポリオって発生していないんだってそれでもワクチンは受けないとダメかしら…
海外から日本にポリオウイルスが入ってくることもあるみたいよ
さらに将来もしもポリオワクチンを受けている人が減ると日本にウイルスがもち込まれたときまた日本国内で流行してしまうことがあるんだって！
きちゃった
そうなんだ、やっぱりポリオワクチンは受けておかないといけないのね！
不活化ポリオワクチンでは就学前の5回目接種（任意接種）が推奨されています。

急性灰白髄炎（ポリオ）の予防についてのお知らせ

急性灰白髄炎（ポリオ）はポリオウイルスが口から人の体の中に入って、腸で増えて感染します。乳幼児がかかることが多い病気です。多くの場合、病気としての症状は現れず、知らない間に免疫ができます。しかし、腸で増えたウイルスが脊髄に入り手や足に麻痺が現れて、残ってしまうことがあります。

日本では、ポリオワクチンの導入で流行はなくなり、今ではポリオは発生していません。しかし国際化が急激に進む現在、海外からポリオウイルスが国内に入ってくる可能性があるため、ポリオワクチンを接種して、抗体価を高く維持することが大切です。ポリオワクチンの接種は済んでいますか？

ポリオワクチンについて

急性灰白髄炎（ポリオ）の予防には、ポリオワクチンの接種が必要です

単独の不活化ポリオワクチン（IPV）は、2012年９月１日に導入され、生ワクチンは使用されなくなりました。DPT-IPV４種混合ワクチンは、2012年11月１日に導入され、定期接種ではほとんどDPT-IPVが使用されています。

不活化ポリオワクチンは、初回接種３回、追加接種１回、合計４回の接種が必要です。生ワクチンを２回接種した人は追加の接種は必要ありません。生ワクチンを１回のみ接種している人は、３回不活化ワクチンを接種します。不活化ワクチンでは経時的に抗体価が下がってきてしまうため、就学前（５～７歳）での追加接種（５回目：任意接種）が日本小児科学会から推奨されています。

DPT-IPV４種混合ワクチンの接種年齢・回数・間隔

初回接種（３回）〈定期接種〉	標準的には生後３か月から12か月に３回（20日以上、標準的には20日から56日までの間隔をおく）
追加接種（１回）〈定期接種〉	初回接種から12か月から18か月（最低６か月後）に１回

上の期間を過ぎた場合でも、生後90か月（７歳半）までの間であれば、定期接種ができます。また、過去に生ワクチンを受けそびれた方も、対象年齢内であれば、不活化ポリオワクチンの定期接種を受けることは可能です。ぜひ、接種してください。

５回目追加接種〈任意接種〉	就学前（５歳以上７歳未満）IPV（単独の不活化ポリオワクチン）で１回

急性出血性結膜炎

【Acute hemorrhagic conjunctivitis】

結膜は、まぶたの裏と白目の表面を覆っている膜です。その結膜にウイルスが感染して起こるのがウイルス性結膜炎で、そのうちの一つに急性出血性結膜炎があります。別名をアポロ病といいます。これは、アポロ11号が月面着陸を成し遂げた年に、急性出血性結膜炎が大流行を起こしたため、月からもち帰った病原体が本疾患の原因ではないかという噂が流れたためです。これは間違いで、病原体はエンテロウイルスの仲間です。目がゴロゴロして、充血、目やに、白目に出血がよくみられます。

私アポロちゃん
手についてみんなに
うつるのよ
目が
ゴロゴロ
痛いし大変よ

【急性出血性結膜炎】の法的な扱い

❶学校保健安全法

急性出血性結膜炎は、「学校において予防すべき感染症（学校感染症）」では、「第三種」の感染症です。感染力が強く、医師から感染のおそれがなくなったと認められるまで出席停止となります。具体的には、主症状が消えてから、2日間を経過するまで登校は停止となります。

❷感染症の予防及び感染症の患者に対する医療に関する法律

急性出血性結膜炎は、五類感染症で、全国約700か所の眼科定点医療機関から週ごとに発生報告が届け出されます。

1_急性出血性結膜炎とは

❶ 病原体

エンテロウイルス（70型）やコクサッキーウイルス（A24型）などエンテロウイルスの仲間が原因ウイルスです。エンテロウイルスは、消化管に感染するのが通常ですが、このエンテロウイルス（70型）やコクサッキーウイルス（A24型）の感染部位は結膜で、消化管では増えた報告はありません。しかし、なぜ結膜に出血を起こすのかは、わかっていません。

❷ 急性出血性結膜炎の症状

潜伏期は1～3日です。突然の目の痛みとゴロゴロとした違和感、充血、結膜下出血等が現れます。まぶたの腫れ、目やに、角膜表面の混濁などもみられます。まれに合併症として、運動麻痺があります。

治療については、特効薬はありませんが、炎症をおさえ細菌の混合感染を予防するための点眼薬を使用します。

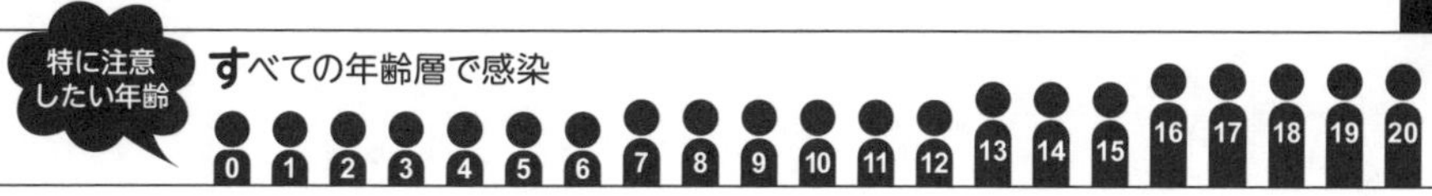
特に注意したい年齢
すべての年齢層で感染
0 1 2 3 4 5 6 7 8 9 10 11 12 13 14 15 16 17 18 19 20

3 感染経路

目をこすった手やティッシュ、ハンカチ、タオルなどに原因ウイルスが付着して、感染を拡げます。通常、約1週間で治りますが、主症状が消えても感染力が残る場合があります。症状が消えて、2日間を経過してから登校が再開となります。また、ウイルスは咳や鼻水から1〜2週間、便からは1か月程度排泄されます。登校再開後の手洗いの励行が大切です。

急性出血性結膜炎は、流行性がありますので、感染症流行の情報に注意しておきましょう。

2 _急性出血性結膜炎への対応

1 予防対策

目をこすった手や目やにをぬぐったティッシュ、涙をふいたハンカチなどには、原因ウイルスが付着していて感染源になります。

手をよく洗い、目やその周囲に使用するものは、使い捨てにできるティッシュやペーパータオルを使い、タオルなどは共用しないことが大切です。トレイの後は手洗いを励行します。

2 急性出血性結膜炎のワクチンについて

急性出血性結膜炎のワクチンはありません。

似ている病気として、アデノウイルスによる咽頭結膜熱や流行性角結膜炎がありますが、結膜下出血を起こすのが急性出血性結膜炎の特徴です。

急性出血性結膜炎

アポロ月面着陸1969年
ただいまー
コンコン
この年、地球で、急性出血性結膜炎大流行!
原因は月から来た病原体!?
うわさ!
いえいえ もともと地球にあった エンテロウイルス コクサッキーウイルスが 原因です
急性出血性結膜炎は このうわさでアポロ病って 名前がついちゃった
流行しやすいから 学校でも注意!

急性出血性結膜炎についてのお知らせ

急性出血性結膜炎は、エンテロウイルス70型が主な原因ウイルスとなる感染症です。他の患者と接触してから、1～3日で症状が出てきます。結膜下の出血を伴うことも多い病気ですので、眼科を受診してください。

急性出血性結膜炎をうつさないために…

急性出血性結膜炎になってしまったら、周囲の人にうつさないための配慮が必要です。以下のようなことに注意してください。

結膜が充血し、涙が出て、目やにも出ます。不必要に目を触らないように注意してください。

目を触ると手にたくさんの原因ウイルスがつきます。石けんでよく洗い、使い捨てのペーパータオルでふいてください。トイレの後も手洗いをよくしてください。

タオルの共用はしないでください。家族とも別のものを用意してください。

眼科医院を受診して、細菌の二次感染に十分注意してください。

学校保健安全法の取り扱いについて

急性出血性結膜炎は、学校保健安全法で第三種の感染症に指定されています。医師により感染のおそれがなくなったと判断されるまで出席停止になります。その間、欠席扱いにはなりませんので、ご家庭でしっかりと休養させてください。

狂犬病

狂犬病は人を含む全ての哺乳類に脳炎を起こし、発症すれば致死率がほぼ100％の恐ろしい感染症です。日本などの一部の国を除いて、世界150か国に存在し、毎年５万５千人以上の人が死亡しています。

主に感染した犬に咬まれて狂犬病ウイルスに感染しますが、海外で犬、猫、猿、コウモリ、アライグマ、フェレット、狐などに咬まれた、ひっかかれた、なめられた等の場合には感染を疑わなければなりません。感染動物の唾液中にはウイルスが多く存在するので、傷口を開いて流水と石けんで15分以上洗い流し、ポピドンヨード（イソジン）で消毒。傷口をなめたり、吸い出したりすることは厳禁です。粘膜からもウイルスが感染します。直ちに現地の医療機関を受診します。医師がWHOの基準に従って、ワクチンの必要性を判断します。咬まれた後でも、ワクチンを緊急接種することで発症を予防することができる場合もあります。

どんな病気？

狂犬病ウイルスが体内に侵入すると、１日あたり数mmから数十mmの速度で神経を上行して脳に向かいます。中枢神経組織に達すると、そこでウイルスが増殖して各神経組織に拡散、そして唾液腺で大増殖します。急性期には狂躁、錯乱、幻覚などが現れ、咽喉頭が麻痺して唾液を飲み込むことができず（嚥下障害）、水を飲む刺激で喉に強い痛みのある痙攣を起こすため水を飲むことを避け（恐水症）、風にあたっても痙攣を起こすため、風を避けるようになります（恐風症）。高熱、幻覚、錯乱、麻痺、運動失調などとなり、犬の遠吠え様の声をあげ、大量のよだれを流しながら、やがて昏睡状態となり呼吸が麻痺して死に至るか、あるいは突然死します。一方、麻痺を主な症状とする狂犬病の患者も約２割います。

狂犬病

感染症の予防及び感染症の患者に対する医療に関する法律
四類感染症に指定され、診断した医師により直ちに保健所に全数が届出されます。

予防・治療は？

　海外では、動物にむやみに手を出さない、近づかないことが大切です。狂犬病が発生し、医療が受けにくい地域に長期間滞在するような人は、渡航前に日本で人用の狂犬病ワクチンを接種してから出かけることをお勧めします。予防的な基礎免疫は、４週間隔で２回接種し、６〜12か月後に１回追加します。この暴露前ワクチンを接種済みであっても、動物に咬まれる等の狂犬病ウイルスの感染のリスクのある状況に陥った場合には、前記のように、傷口の洗浄をすぐさま行い、消毒し、できるだけ早くに医療機関を受診し、現地で適切な処置を受けます。帰国時に検疫で説明し、検疫官（医師）より国内での治療や病院の指導・助言を受けます。近年は、修学旅行や留学などで、海外への渡航機会も増えました。狂犬病は発症してしまうとほぼ助かることのない重大な疾患のため、予防がすべてと思い適切に対応することが重要です。

異常な行動をしている
（むやみに走り回る、
異様な声をあげる等）を見たら、
その動物から
距離をあけて離れます。
ヨダレの中に
狂犬病ウイルスが
いっぱい

結核

【Tuberculosis】

結核は、エジプトのミイラにもその病痕が認められるほど、人類の歴史とともにある病です。日本では、特に明治維新後の産業革命期以降から、国内に蔓延し、国民病とも亡国病ともいわれ、長く日本人の死亡原因の1位を占めていました。現在の日本でも、年間約2万人弱の新規患者を発生させ、年間約2000人弱もの人が死亡する重大な病気です。受診、診断の遅れなどによって、学校や職場等での集団感染も起こっています。結核の治療を始めた患者の約9％が、結核で命を失っているなど、治療の遅れは重症化にもつながります。

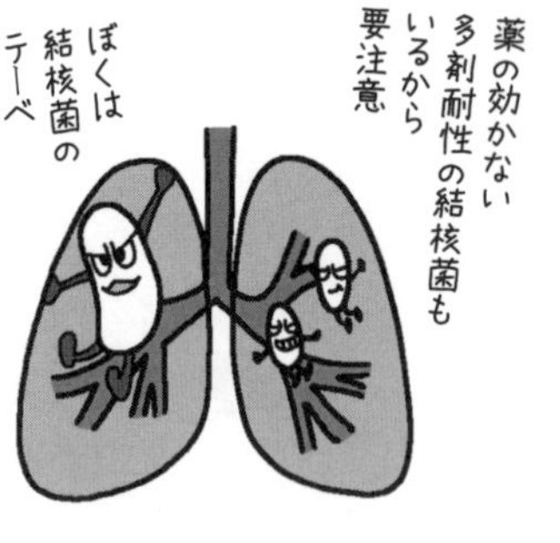
薬の効かない多剤耐性の結核菌もいるから要注意
ぼくは結核菌のテーベ

【結核】の法的な扱い

❶学校保健安全法

「学校において予防すべき感染症（学校感染症）」では、「第二種」の感染症です。患者となった人が病状により感染のおそれがなくなったと医師に認められるまで、出席停止になります（目安として、異なった日の喀痰の塗抹検査の結果が連続して3回陰性となるまで）。もしも、結核が発生した場合には、保健所と情報共有・連携し、他の子どもなど周囲への感染の有無を調べる検査を行います。

❷感染症の予防及び感染症の患者に対する医療に関する法律

結核は二類感染症で、結核診断時にはただちに保健所に届けなければなりません。感染性がある場合には入院勧告となります。※結核予防法は廃止され、感染症法に統合されました。

1_結核とは

① 病原体

結核菌という細菌が体内に入り、増殖することで結核という病気になります。結核菌を吸い込んでも多くの場合は体の免疫力によって排除されます。また、排除しきれずに体に結核菌が残留しても、免疫で封じ込められて、生涯にわたり発症しない場合がほとんどです。日本では、1950年まで死亡原因の1位を占める程に結核が流行していましたので、高齢者には潜在的に結核菌に感染している状態の人が多くいます。ただし、感染しただけの状態ならば、他者にうつす心配はありません。体の免疫力が低下したり、抵抗力が弱まったりした場合に結核菌が増え始め、結核を発病しやすい状態になると考えられます。発病すると結核菌が増殖して、体の組織に侵襲していくことになります。

特に注意したい年齢　すべての年齢層で感染

0 1 2 3 4 5 6 7 8 9 10 11 12 13 14 15 16 17 18 19 20

2 結核の症状

潜伏期間は2年以内、特に6か月以内が多いのですが、数十年たって発症することもあります。咳や痰、熱（微熱）などのかぜ様の症状が長く続き、次第に呼吸が荒くなります。寝汗をかくなどの症状もあります。また、食欲がない、体重が減って痩せてくるなどの症状もあります。さらにひどくなると、倦怠感や息切れを起こし、痰に血が混じり始めます。

日本では結核の多くが肺結核で、結核菌が肺で増え、ひどくなると肺組織を破壊して、呼吸が困難になります。喀血して呼吸困難となり死亡することもあります。さらに結核は、腎臓やリンパ節、骨などの肺以外の臓器に感染が及ぶこともあります。

胸のレントゲン写真での異常や諸検査により、結核症と診断されて、治療の対象となります。診断方法としては、胸部X線写真、細菌検査の他、近年では血液検査（クォンティフェロン®とT-スポット®.TB）などでも可能となっています。

結核は薬で治療します。大切なことは、決められた薬をきちんと継続して服用することです。薬の服用を不規則にしたり、中断してしまったりすることは、薬の効かない多剤耐性結核が生まれる重大な背景となっています。この多剤耐性結核の発生が、今、深刻な問題となっているのです。また、結核が治ったように見えても、再発するケースも数%あります。

3 感染経路

結核を発病した人の病状が進行していくと咳や痰と一緒に結核菌が吐き出されるようになり、これを排菌といいます。結核菌は咳などとともに空間に飛び出し、ふわふわと漂った状態となり、それを吸い込むことで新たな人が感染します。唾液などの水分が蒸発した飛沫核となって漂うことから、飛沫核感染や空気感染とよばれます。喀痰の塗抹検査で陽性の間は強い感染力があります。

たとえ、その場に患者がいなくとも、換気の悪い空間では結核菌が数ミクロンの微細な飛沫核となって長期間漂っているので、知らない間に吸い込んでしまうこともあります。大勢の人間が過密した集団で過ごす状態は、感染症の拡がるリスクが高くなっています。学校や職場での集団感染の発生報告もあります。

慢性的に続く咳には、咳喘息や百日咳もありますが、結核の可能性を頭に入れておくことが大切です。

BCGを接種した人が感染した場合、発病する確率は5～10%と考えられ、集団感染で若年者が感染した場合は、その2倍以上の割合で発病したとの報告もあります。感染してから2年以内の発病が多いのですが、数年から数十年と長い期間をへて発病することもあるので、若い時代に感染している可能性の高い高齢者も要注意です。

2_結核への対応

1 予防対策

定期的に健康診断を受け、胸部X線撮影を受けます。長引く咳があるようなら、医療機関を受診します。規則正しい生活をし、栄養バランスの良い食事や十分な睡眠をとり、適度な運動を心がけます。免疫力を低下させないことが大切です。

結核菌の感染は受けたが、発症はしていないという人たちの発症を予防するために、抗結核薬の予防投薬が行われることがあります（化学予防）。その場合、登校、登園は可能です。

過去3年以内に結核高蔓延国で6か月以上の滞在歴がある場合には、入学または転入時に1回の精密検査（胸部X線検査等）の対象となります。

2 結核のワクチンについて

BCG接種は、結核の重症化を防ぐワクチンです。弱毒化した牛型結核菌を接種して、結核に対する免疫をつけます。定期接種としての接種時期は12か月未満（標準的には5～8か月未満）となっています（2013年4月以降）。BCGを接種すると、感染を受けても発症する可能性は、BCG接種を受けない場合の5分の1程度に抑制することができるとされます。接種の効果は10～15年と考えられています。一方で、成人の結核予防に対する効果は高くないとされています。

3 結核患者に対するDOTS（直接服薬確認療法）について

「結核患者に対するDOTS（直接服薬確認療法）について」の平成16年の改正によって、保健所長は服薬支援者にDOTS（ドッツ）の実施を依頼することができます。平成27年（2015年）から、このDOTS実施の依頼先として学校も対象となっています。このため、学校に通学している患者については、保健所長の依頼に基づいて、養護教諭等が保健所の作成した個別患者支援計画に基づく方法で服薬を見守り、保健所がその状況を確認することとなっています。

結核

学校、職場の
若い人が感染！
結核は古くて新しい
病気です
ゴホッ
ゴホッ
換気が重要！
空気感染する結核菌は
狭い部屋が大好き
部屋の窓を開けましょう

過去の病気ではありません！

結核についてのお知らせ

結核は、結核菌の感染によって起こる病気です。現在、日本では年間約２万人弱の新規患者が発生し、毎年2000人弱が亡くなっています。診断の遅れ等により学校や職場での集団感染が心配されています。

結核は肺結核のほかに腎臓、リンパ節、骨などを侵すこともあり、全身に感染が及ぶ場合もあります。早期に適切な治療をしなければ重症化、命にかかわります。

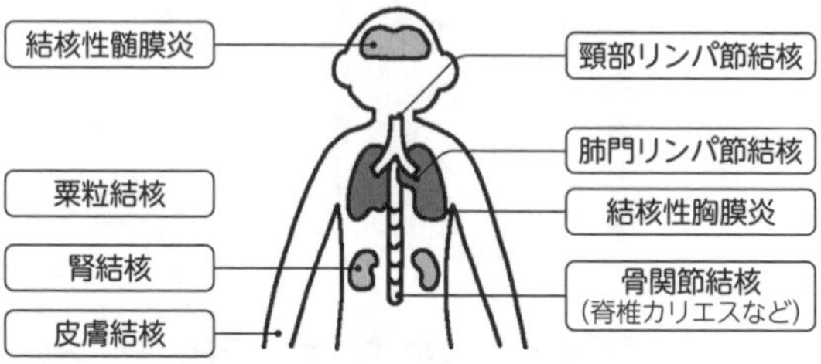
結核性髄膜炎
粟粒結核
腎結核
皮膚結核
頸部リンパ節結核
肺門リンパ節結核
結核性胸膜炎
骨関節結核
（脊椎カリエスなど）

結核はどうやってうつるの？

結核菌が水分の蒸発した飛沫核となり、ふわふわと空間を漂い、それを吸い込むことによる「飛沫核（空気）感染」でうつります。

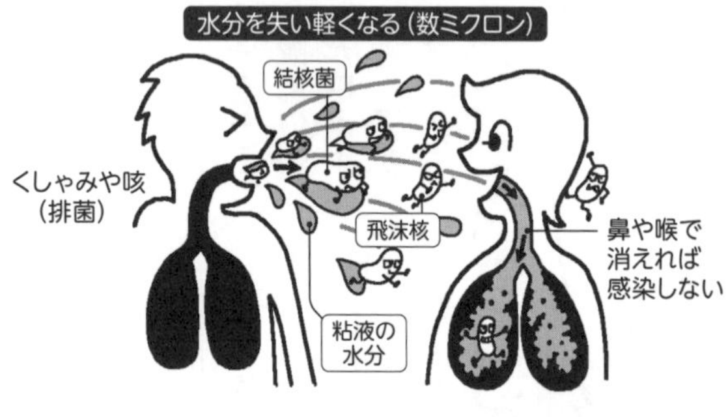
水分を失い軽くなる（数ミクロン）
結核菌
くしゃみや咳
（排菌）
飛沫核
粘液の
水分
鼻や喉で
消えれば
感染しない

換気の悪い場所では、結核菌が長く漂っているため、感染源となる患者がその場にいなくても感染することがあります。そのため部屋の換気が大切と言えます。

※手をにぎる、触る、といった行為では感染しません。

感染と発病はイコールではありません

結核菌に感染しても、体の免疫で封じ込められて、生涯、発病しない人がほとんどです。感染しただけなら他の人にはうつしません。体力が低下したり抵抗力が弱まったりした場合に発病しやすくなります。発症した人の中でも菌を排菌している人と排菌していない人がいて、後者は他の人にうつしません。

結核の症状

こんな症状はありませんか？ 気づかないうちにかかっていることもあるので注意が必要です。

①咳が長引く

②痰が出る

③微熱が続く

④だるい

結核のワクチンについて

ワクチンは、乳児期のBCG接種が定期接種となっています。BCG接種とは、結核菌の感染を受けていない人に結核菌の仲間で毒力のごくごく弱い菌をあらかじめ接種することにより、結核に対する抵抗力（免疫）をつけるワクチンです。接種の効果は10〜15年持続すると考えられています。

BCGの効果は？

感染しても発病する危険性を、接種しない場合の1/5に減らすことができます。BCG接種によって日本の赤ちゃんが重症の結核性髄膜炎から守られているというデータもあります。

！ 治療により感染性がなくなれば登校が可能です。また、抗結核薬の予防投与を受けながら登校することもできます。その場合は、感染力がないことが医師に確認されていますので、差別や偏見のないように理解をお願いします。

病院では

医療機関では、胸部Ｘ線や血液検査、痰の検査などによって、診断を行います。感染した場合には、感染のおそれがなくなったと医師に認められるまで、学校は出席停止と法律に定められています。また、結核医療費には、公費負担制度が利用できます。結核のほとんどが薬による治療です。早期に治療を始めることが大切です！

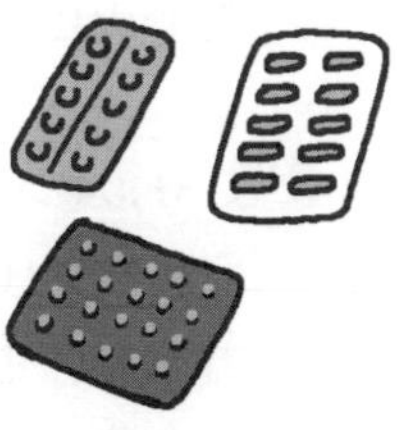

きちんと決められた薬を指示通りに服用するのが、薬剤耐性結核菌を発生させないために大切です。

サルモネラ感染症

【Salmonelosis】

サルモネラ菌の感染により、胃腸炎や食中毒を起こします。下痢や嘔吐、発熱、血便などの症状を出します。サルモネラ菌の食中毒は、福祉施設、病院、そして学校でも多発しており、注意が必要です。成人では胃腸炎症状にとどまりますが、小児や高齢者では重症化する傾向があります。サルモネラ菌の食中毒はカンピロバクター菌と並び、常に最多か、それに次ぐ報告数があります。
なお、サルモネラ菌の一種であるチフス菌やパラチフス菌は学校保健安全法では第三種の感染症ですが、この項ではその2つを除外して、胃腸炎、食中毒を起こすサルモネラ菌を扱っています。

【サルモネラ感染症】の法的な扱い

❶学校保健安全法
サルモネラ感染症は、「学校において予防すべき感染症（学校感染症）」では、「その他」の感染症（第三種の感染症として扱う場合もある）です。主な症状がなくなり、全身状態が良ければ登校可能です。しかし、治った後も菌が数週間も長く排泄されることがあり、感染源となります。排便後の手洗いを励行させることが大切です。保育所等では、おむつ替えを行った後の職員の手洗いと便の処理に注意を怠らないようにします。

❷感染症の予防及び感染症の患者に対する医療に関する法律
サルモネラ感染症（感染性胃腸炎）は、五類感染症で、全国約3000か所の小児科定点医療機関から週ごとに発生報告が届け出されます。

❸食品衛生法では
食中毒が疑われる場合には、24時間以内に最寄りの保健所に届け出されます。

1_サルモネラ感染症とは

通性嫌気性桿菌とは、酸素があってもなくても代謝できる菌で、形が棒状または円筒状の細菌のことです。

❶ 病原体

原因菌はサルモネラ菌で、通性嫌気性桿菌の腸内細菌です。サルモネラ菌は2300種類もの血清型に分類され、爬虫類、両生類、鳥類が保菌している他、豚、牛の家畜、鶏などの家禽では常在菌として腸管内に存在しています。

❷ サルモネラ感染症の症状

潜伏期は、通常12～36（6～72）時間で、3、4日のこともあります。症状は、発熱、嘔吐から始まり、腹痛、下痢、血便を起こします。この下痢は、3、4日、もしくはそれ以上長く続く場合もあり、日に

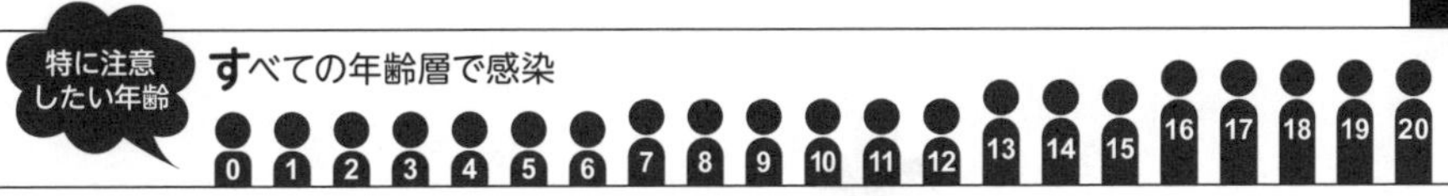
特に注意したい年齢
すべての年齢層で感染
0
1
2
3
4
5
6
7
8
9
10
11
12
13
14
15
16
17
18
19
20

何度も起こします。38℃以上の発熱に1日に十数回もの水様性の下痢、血便、粘血便等がみられるケースでは、サルモネラ菌が疑われます。

治療については、脱水症状と腹痛などの症状に対する対症療法となります。下痢止め薬については、排菌を遅延させる可能性があるため使用しません。

給食や仕出し弁当による集団食中毒が起こります。夏場の卵料理には特に注意が必要です。

3 感染経路

鶏卵、鶏肉等を食べたことによる経口感染があります。また、サルモネラは、人や鳥、牛などの動物の腸管に存在し、それらの糞便で汚染されたものには、サルモネラ菌が付着している可能性があり、それを経口で摂取すれば感染します。さらに、カメや蛇などの爬虫類やカエルやイモリなどの両生類もサルモネラ菌をもっています。保菌したペットや学校で飼育している動物の世話をした子どもたちには、手洗いを徹底させる指導が必要です。

人がサルモネラ菌に感染した場合、症状が治まった後も長期間にわたって、菌が便中に排泄されることがあります。症状のなくなった子どもは登校可能であるため、学校では手洗いを励行して、接触感染での拡がりを防ぎます。

2_サルモネラ感染症への対応

1 予防対策

動物由来の食品はよく加熱して食べるようにします（中心部が75℃で1分間以上）。また、野菜はよく洗い、割れた卵は食べないようにします。排便後や、ペット、動物などに触れた後はよく手を洗う習慣を徹底します。

また、調理の際には順番を考え、サラダ等を先にし、生肉などを取り扱う料理は後にします。まな板、包丁などの調理器具は、肉類専用のものを決めておくなど、肉類と野菜類で分けても効果的です。肉類を扱った後には石けんを使用して手を2度洗いするようにしてください。調理器具は洗浄後、熱湯消毒をするなどの衛生対策を取ります。

2 サルモネラ感染症のワクチンについて

サルモネラ感染症の予防ワクチンはありません。

サルモネラ食中毒を防ぎましょう

サルモネラは、人や鶏、豚、牛、爬虫類などの動物の消化管の中にいる腸内細菌で、自然界では河川の水、下水にも生息しています。2300以上の種類がありますが、その中の一部のサルモネラ菌が、急性の胃腸炎を起こします。

サルモネラ食中毒ってどんな病気？

原因菌のサルモネラが口の中に入ってから12〜36（６〜72）時間ほどで、おへその周辺を中心とした腹痛、吐き気におそわれます。水のような便の下痢をくり返し、38〜40℃くらいの高熱が出ます。特に幼児、お年寄りは注意が必要です。

サルモネラに感染した人は脱水にならないように水分をとるようにします。また、他の人に感染させないように、石けんでよく手を洗いましょう。感染後は、医師の指示に従ってください。

サルモネラ食中毒の原因は？

❶ 牛、豚、鶏などの食肉や卵が主な原因です(牛のたたき、食肉調理品、うなぎ、スッポン等)。

❷ ネズミやペットなどを介して食品を汚染する場合があります。ネズミ、ゴキブリ、ハエなどの駆除をしてください。ペットに触れた後は、よく手を洗うことが大切です。

❸ 二次汚染には要注意！　以下の点に注意しましょう。

- ☑ 生肉、魚、卵を触った後は手をよく洗う。

- ☑ ふきんやタオルは清潔なものを使う。

- ☑ サラダは一番先につくる。野菜はよく洗う。

- ☑ 調理器具は十分に洗う。
- ☑ 包丁やまな板はよく洗い熱湯消毒する。可能ならば、まな板や包丁は、肉用とは別のものを用意する。
- ☑ 調理済み食品と、生肉が混在していると二次汚染につながる可能性もあるため、調理台の整理整頓を心がける。肉の入っているトレーにも注意。

調理のポイント

食肉や卵は中心部までよく過熱する

鶏卵は、サルモネラ・エンテリティディスに汚染されているおそれがあります。そのため、オムレツ、卵焼き、自家製マヨネーズ、卵かけご飯など、十分な加熱加工をされていない料理が感染の原因となることもあり注意が必要です。

トイレの後は手洗い励行

卵は新鮮なものを買う

購入した卵は、冷蔵庫でぬらさないようにして保存し、賞味期限内に食べるようにします。生で食べるときは、新鮮でひび割れのないものを選びます。割り置きすると菌が増えやすいため、食べる直前に卵を割るようにしてください。半熟で食べるときも、調理後は早めに食べるようにします。

食中毒になってしまったら…

下痢や嘔吐など、食中毒の症状が出た場合は医療機関を受診するようにしてください。以下の症状は重症ですので、特に注意が必要です。

- 嘔吐・下痢が1日10回以上ある。
- 激しい下痢や便に血液が混じっている。
- 呼吸が不安定で意識が朦朧としている。

サルモネラは熱に弱い！

食器類は熱湯消毒をしましょう。

※熱湯消毒の際は、加熱不足や加熱ムラに注意してください。

サルモネラ食中毒を防ごう

サルモネラって、人、牛、豚、ニワトリの腸管の中にいるの
いろんな動物にいる！
だから、ウンチの中に出てくることもあるの？
手洗いしないと
カメ、ヘビ、カエル、イモリにもいるの 触った後はちゃんと手洗いしないとね！
お料理でもお肉を触った後はすぐに手洗いをしてね！
まな板も包丁も加熱消毒して二次汚染防止を徹底しよう！
ヒビの入った卵は要注意 食べるのはやめておこう
サルモネラってしつこいから大変！

新型コロナウイルス感染症

【COVID-19】

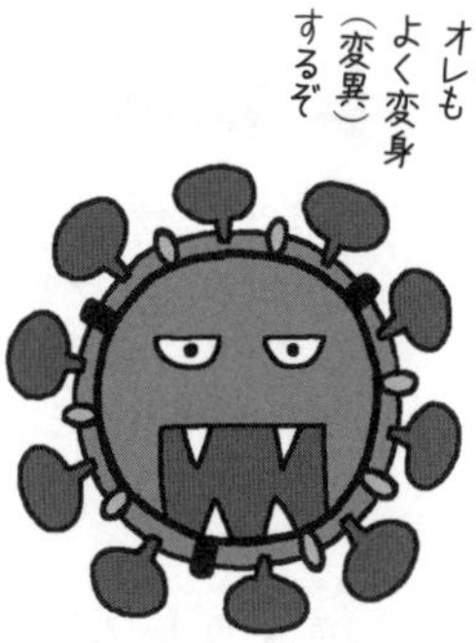

2019年12月、中国の湖北省武漢市で最初に確認されたとされ、翌年から世界中で猛威をふるっている「新型コロナウイルス感染症」は、だるさやせき、発熱などかぜのような症状が出ます。また、体の痛み、鼻水・鼻づまり、のどの痛み、下痢、息切れなどの症状がある場合もあります。そのほか、味がしない、匂いを感じないなど味覚障害や嗅覚障害が起こる人もいます。肺炎が重症化して、呼吸困難になったり命を落としたりする場合もあります。2021年現在、全世界的に感染が拡大しており、その中でより感染力が強い変異株が出現するなど、注視すべき感染症です。

【新型コロナウイルス感染症】の法的な扱い

❶学校保健安全法

新型コロナウイルス感染症は、「学校において予防すべき感染症（学校感染症）」では、「第一種」の感染症です。これは、SARSなどと同等の分類で、インフルエンザより厳しい扱いです（令和3年7月現在）。

❷感染症の予防及び感染症の患者に対する医療に関する法律

新型コロナウイルス感染症（ベータコロナウイルス属のコロナウイルス（令和二年一月に中華人民共和国から世界保健機関に対して、人に伝染する能力を有することが新たに報告されたものに限る）は「新型インフルエンザ等感染症」で、発生報告が直ちに届け出されます（令和3年7月現在）。

1_ 新型コロナウイルス感染症とは

❶ 病原体

病原体は、「SARS-CoV-2」と呼ばれるコロナウイルスです。ヒトのコロナウイルスとして7番目に見つかった新型のコロナウイルスで、2002年冬から2003年夏に発生した「重症急性呼吸器症候群（SARS）」の遺伝子と同じ部分が多いことから名づけられました。この新型コロナウイルスに感染することで起こる病気は、COVID-19（coronavirus disease 2019）と呼ばれ、日本では新型コロナウイルス感染症と呼ばれています。

ウイルスは人の体内に入って増殖する際にコピーミスが起きて、変異することがわかっていますが、新型コロナウイルスも同様に変異を繰り返しています。アルファ株（イギリスで確認された「N501Y」)、デルタ株（インドで確認された「L452R」）など、さまざまな変異ウイルスが現れています。このうち、2021年8月現在、懸念されてい

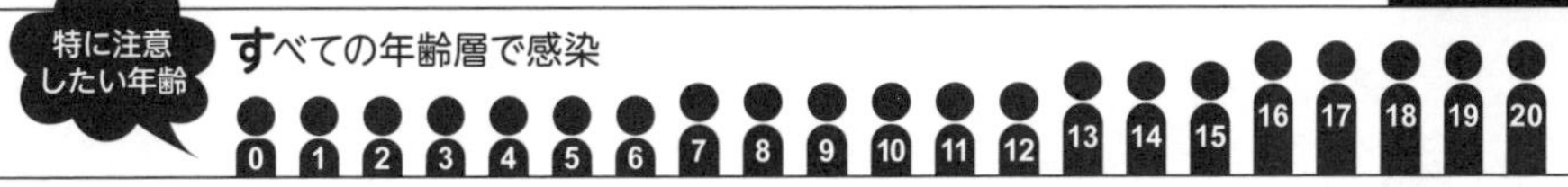

るのがデルタ株です。感染力が強く、感染した場合に入院に至るリスクも高まる可能性が指摘されています。今後もこのような新たな変異ウイルスの発生、侵入、流行も危惧されます。

2 新型コロナウイルス感染症の症状

新型コロナウイルスが引き起こす病気は、感染しても無症状者から軽症者、中等症患者、重症者や死亡者までさまざまです。

潜伏期間は、1～14日程度で、多くの人が5日程度で症状が出るとされています。だるさやせき、発熱などかぜのような症状が出始めます。また、体の痛み、鼻水・鼻づまり、のどの痛み、下痢、息切れなどの症状がある場合もあります。そのほか、味がしない、匂いを感じないなど味覚障害や嗅覚障害が起こる人もいます。

感染しても症状が出ないか、軽い症状で済む人もいますが、発症から約1週間を過ぎたころから、約2割の人が悪化して高熱を出したり、肺炎が重症化したりして呼吸困難になったりします。入院や酸素投与が必要になる人、さらに重篤化して、集中治療室での人工呼吸管理などが必要になる人もいます。脳梗塞や心筋梗塞などの血栓症、肝臓や腎臓の障害など、さまざまな合併症が起こることもあります。

重症化するリスクが高いのは、高齢者や糖尿病・高血圧・慢性腎臓病などの基礎疾患のある人、肥満の人、喫煙歴のある人、悪性腫瘍のある人、妊婦などが重症化しやすいと言われています。しかし、若い人でも血栓症になったり、子どもで川崎病に似た症状が出たりするケースが報告されています。

潜伏期間がインフルエンザより長く、発症の約2日前からウイルスを排出して感染源になる可能性があります。感染しても無症状のことが多く、その人もウイルスを排出して感染を拡大させる可能性があるので、感染拡大が止まらない状況です。

また、後遺症に悩む人が多いのも問題です。イタリアで143人の元患者に行われた調査では、回復後（発症から2か月程度）も87％の患者が何らかの症状を訴えたといいます。倦怠感や呼吸苦の症状、関節痛、味覚・嗅覚障害、めまい、聴覚障害、脱毛などの例が報告されています。

子どもは重症化しにくいと思われがちですが、まれですが子どもがかかりやすい合併症（小児多系統炎症性症候群〈MIS-C〉）もあります。全身の血管に炎症が起きて、さまざまな症状が出る川崎病に似ています。高熱、両眼球の結膜の充血、真っ赤な唇といちごのようにブツブツの舌、体の赤い発疹、手足の腫れ、首のリンパ節の腫れなどの症状が出ます。欧米を中心に、子どもの発症例があり、日本でも報告されています（川崎病は主に4歳以下の子どもが発症するものですが、今回の合併症が同様かはまだわかっていません）。

③ 感染経路

大きく分けて、「①飛沫感染」「②エアロゾル感染」「③接触感染」の3つがあります。

①飛沫感染は、感染者が咳やくしゃみ、会話をした際に排出された「ウイルスを含む飛沫」を周りにいる人が浴びたり、吸い込んだりすることによる感染です。吸い込むだけでなく、鼻や目などの粘膜にウイルスの飛沫が付着することで感染することもあります。この飛沫感染が主体であると考えられています。

②エアロゾル感染は、空気中に漂うマイクロ飛沫（エアロゾル）を吸い込むことによる感染で、密閉空間で起こりやすいとされています。マイクロ飛沫とは、飛沫がより小さい粒（微粒子）になったもののことです。飛沫よりも小さくて軽いので、長時間空気中に浮遊して、空気の流れで移動します。

③接触感染は、ウイルスが付着したもの（ドアノブ、階段の手すり、つり革、リモコンなど）に触れた人が、その手で口や目、鼻などの粘膜に触れることによって感染します。

新型コロナウイルスに感染しても、咳や発熱などの症状が出ず、そのまま治ってしまう人がいることが分かっています。このような人を「無症状病原体保有者（無症状者、サイレント・キャリア）」と言います。無症状病原体保持者は、症状がないため、自分が新型コロナウイルスに感染していると気付かないまま、日常生活を送っています。しかし、体内にはウイルスがいるため、周りの人を感染させてしまう恐れがあります。そのため、ふだんから会話で飛沫を飛ばさないようにする、マスクを着用するなどの習慣が大切です。

④ どんな人が感染しやすいのか

2021年8月現在、子どもや10代〜20代の若者は、中高年に比べると発症、重症化する比率は少ないとされますが、重症化している人もいます。だから、予防が大事です。

感染は、「密集した場所」「密接した会話」「密閉した空間」で広がりやすいと考えられています。3つの条件が重ならなくても、1つの「密」だけでも感染が広がる危険があります。子どもたちが集団生活をする学校では、「密集した場所」にしないよう工夫し、さらに子どもたち同士の「密接した会話」にも気を配りましょう。さらによく換気し、ひとつの部屋に多くの人があまり長くいないように対策をすることも必要です。

2_新型コロナウイルス感染症への対応

① 予防対策

ウイルスは人から人へ感染して病気を広げていくので、予防対策には、ウイルスが広がるルートを断つことがポイントになります。
飛沫感染を防ぐために役立つのは、マスクと咳エチケットです。エアロゾル感染を防ぐために役立つのは、換気がポイントになります。

接触感染を防ぐために役立つのは、手洗いと消毒です。

このうち、学校における換気、消毒については、養護教諭や学校保健の担当者から各担任、管理職などに積極的に呼びかけ、ぜひ学校全体で取り組みましょう。換気とは、ウイルス入りのエアロゾル（マイクロ飛沫）を締め切った空間から追い出し、新しい空気に入れ換えることを意味します。そのため、教室は1時間に2回以上、それぞれ数分間、窓を全開にして風の流れを作ることが大切です。またエアロゾルは乾燥により発生するため、可能であれば部屋の中を乾燥させないよう、加湿の工夫をしましょう（目安は50〜60％）。

手すりやドアノブ、電灯のスイッチ、トイレや洗面所などの消毒には、台所用洗剤を薄めたものや消毒用アルコール（70％〜95％）などで拭きます。次亜塩素酸ナトリウム水溶液（0.05％）、塩素系漂白剤（ふきん、まな板、衣類の漂白、除菌用）を使って消毒液を作る方法もあります。500mlのペットボトルを用意し、水を入れます。そこに、ペットボトルのキャップ1杯（5ml）の塩素系漂白剤（5％のもの）を入れて、ほぼ満杯にします。ペットボトルは「消毒用」と明記しておきましょう。

体温、顔色、体調チェックなど、毎日の健康観察も大切です。体調のすぐれないときは、無理をせず休ませることが、本人はもちろん、周りに感染を広めないためにも大切です。

また、子どもたちには、マスクの着用や咳エチケット、正しい手洗いの仕方を教えて、一人ひとりが感染を広げないよう、意識を高めましょう。ただし、熱中症にも注意が必要な夏は、マスクで苦しくないよう気をつける必要があります。

感染者は、重症度によって「軽症」「中等症」「重症」の三つに分けられます。重症度を分ける基準は呼吸器症状と「酸素飽和度（SpO_2）」です。これは、血液中にどれだけ酸素が含まれているかを示すもので、正常値は96〜99％です。96以上だと「軽症」、94〜96％で「中等症Ⅰ」、93％以下で「中等症Ⅱ」となります。「重症」は酸素飽和度だけでなく、人工呼吸器が必要か、またはICUで濃密な治療が必要かなどで判断されます。

	SpO_2 値
正常値	96〜99％
軽症	96％以上
中等症Ⅰ（呼吸不全なし）	94〜96％
中等症Ⅱ（呼吸不全あり）	93％以下
重症	人工呼吸器、ICUでの治療が必要

2 新型コロナウイルスのワクチンについて

2021年9月現在、日本では3種類のワクチンが認可されています（臨時接種）。ファイザー社とモデルナ社はm-RNAワクチンで、12歳以上が対象です。アストラゼネカ社のワクチンは原則40歳以上が対象となります。常に新しい情報に注意が必要です。

ワクチンを接種しておくと、病原体と闘う仕組み（免疫）ができるため、感染したときに重症化する確率を下げることが期待できます。副反応として、注射した部分の痛み、発熱、倦怠感、頭痛、筋肉や関節の痛み、寒気、下痢等が報告されていますが、多くは接種の翌日をピークに、数日以内に回復していきます。アナフィラキシーなど重度の副反応はまれと報告されています。

「ワクチンを接種する／しない」の判断のためにも効果と副反応について正しい情報が本人や保護者に周知されることが重要です。

新型コロナウイルス感染症についてのお知らせ

新型コロナウイルス感染症は、新型コロナウイルスの感染によって起こる病気です。2019年に初めて確認されて以来、世界中で猛威をふるっており、日本でも感染の波が繰り返されています。また、より感染力が強く重症化しやすいと考えられる変異株も広まっています。新型コロナウイルスに感染しないように予防を徹底しましょう。

新型コロナウイルス感染症ってどんな病気？

だるさやせき、発熱など、かぜのような症状が出ます。また、体の痛み、鼻水・鼻づまり、のどの痛み、下痢、息切れなどがある人もあります。そのほか、味がしない、匂いを感じなくなる人もいます。新型コロナウイルス感染症にかかると、学校は出席停止になります。

新型コロナウイルス感染症の予防

・日頃から体調管理をする（体温チェック、規則正しい生活リズム、体調が悪いときは休む）。

・手洗いをする（帰宅したとき、咳やくしゃみをしたとき、鼻をかんだとき、トイレの後、多くの人が触れたものに触ったとき、掃除のあと、食事や給食の後など）。

・マスクを着用する。

・ソーシャル・ディスタンスをとる（人との距離を１～2m以上あける）。

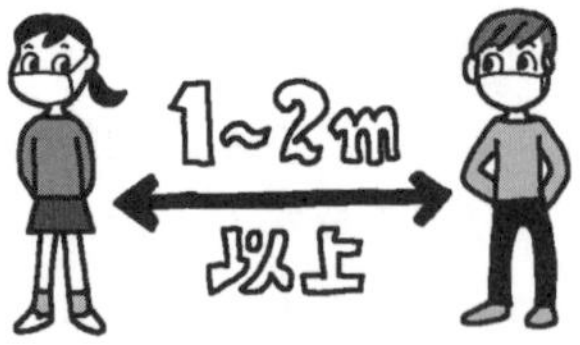

・「密」を避ける（密閉された空間を避ける、密集しない、密接を避ける）

××密閉××

××密集××

××密接××

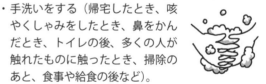

新型コロナウイルス感染症にかかってしまったら

症状が現れたり、心当たりがあったりする場合は、マスクを着用し、あらかじめ医療機関に連絡して、できるだけ早く医療機関を受診しましょう。検査の結果、陽性でも、重症化しやすい人でないと「自宅で療養してください」と言われることがあります。その場合は、次のことに注意しましょう。

- 感染者がいる部屋と、家族の人がいる部屋を分ける（感染者は食事もその部屋でとる）。
- 感染者は、看病する人が部屋に入るときは、マスクをする。
- 感染者は、一番最後にお風呂に入る（できればシャワーで済ませる）。
- タオルや歯みがきのコップなどは共用しない。
- 看病する人は、こまめに手洗いをする。ゴミは密閉して捨てる。

入院や自宅療養などから、学校に登校できるのはいつ？

新型コロナウイルス感染症に感染してから登校できるまでには、症状のない人と症状のある人で経過が異なります。症状が治まるだけでなく、検査でウイルスが出なくなることが必要です。

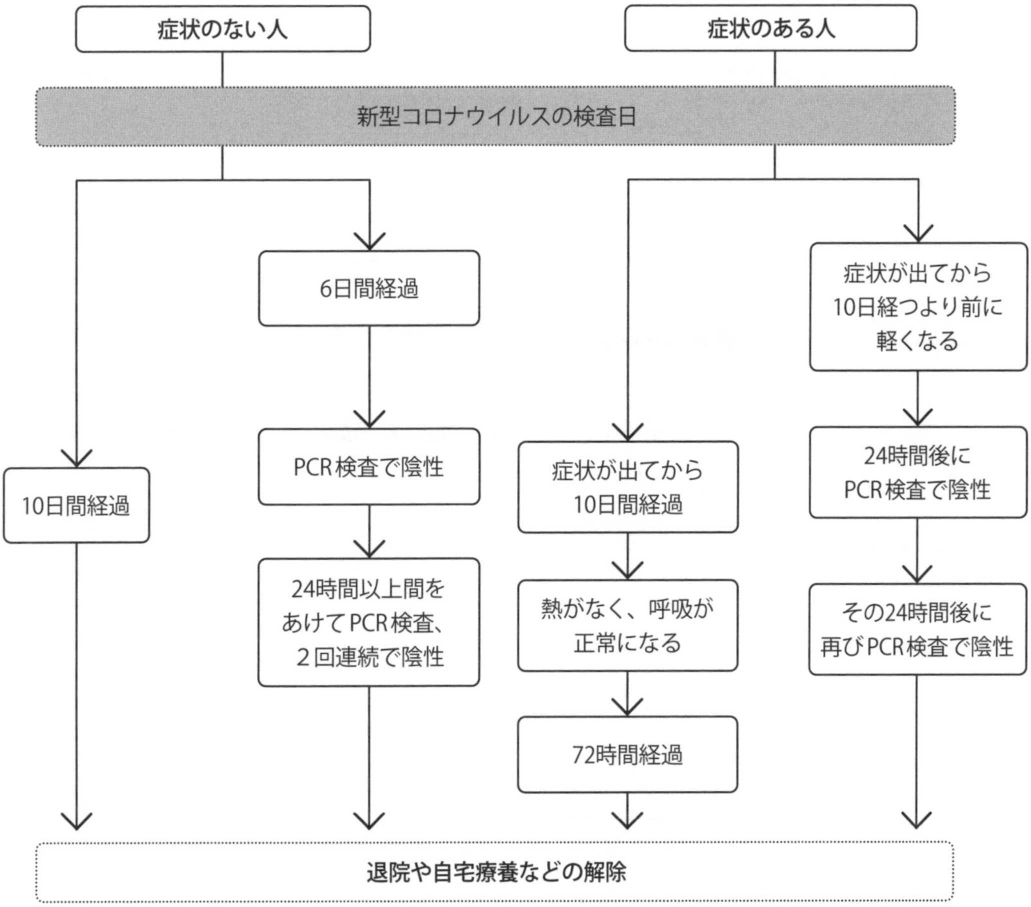

（2021年9月現在）

水痘（すいとう；みずぼうそう）

【Varicella】

水痘（すいとう；みずぼうそう）は、水痘・帯状疱疹（すいとう・たいじょうほうしん）ウイルスの初感染による病気です。日本では、主に冬から夏の初め（12～7月）にかけて、小児を中心に流行します。すべての発疹が痂皮化するまで出席停止となります。水痘が治った後も、水痘・帯状疱疹ウイルスは体内に潜伏して、免疫が低下すると帯状疱疹という病気を発症します。高齢化社会に向かい、ワクチンによる帯状疱疹の予防が注目されています。

【水痘（みずぼうそう）】の法的な扱い

❶学校保健安全法
水痘は、「学校において予防すべき感染症（学校感染症）」では、「第二種」の感染症で、すべての発疹がかさぶたになるまでは出席停止となります。

❷感染症の予防及び感染症の患者に対する医療に関する法律
水痘は五類感染症で、全国約3000か所の小児科定点医療機関から週ごとに発生報告が届け出されます。※入院例は全例報告されることになりました（2014年9月）。

1_ 水痘（すいとう；みずぼうそう）とは

❶ 病原体

病原体は、水痘・帯状疱疹ウイルスでヘルペスウイルス科に属し、初感染を起こした後、知覚神経節に終生潜伏感染をします。

❷ 水痘の症状

水痘の潜伏期間は主に14～16日（10日未満や21日程度になる場合もある）です。水痘に感染すると、胸、腰、背中などの皮膚に赤い発疹ができ、その上に１～４mmの水疱ができます。水痘は体の中心から手足や頭部にも広がります。この水疱がみずぼうそうの名前につながるのですが、これが破れるか化膿するかして、やがてかさぶたとなって落下します。すべての発疹が痂皮化し、完治となります。

水痘・帯状疱疹ウイルスに対しては、抗ウイルス剤としてアシクロビルやバラシクロビルという薬があります。また、水疱の皮膚症状には石炭酸亜鉛華リニメントなどの外用薬があり、水疱などから

特に注意したい年齢 1〜9歳

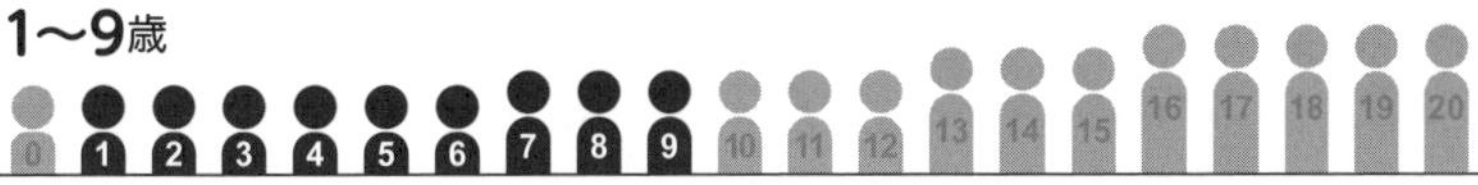

の細菌の二次感染には抗生物質が使われます。その他、合併症として髄膜脳炎や急性小脳失調症があります。

極めてまれですがアスピリンの服用によってライ症候群などを起こす場合もありますので、水痘での解熱剤の使用は、医師の指示に従うことが肝要です。白血病児や免疫抑制状態にある場合には、重症化します。

2013年の段階で、日本では年間100万人がみずぼうそうに感染して、約4000人が重症化して入院し、約20人が死亡していると考えられました。水痘ワクチンの定期接種化により、患者数は減少していますが、ワクチンを接種していない学齢期以上の患者が目立つようになりました。

診断は臨床症状でほぼ可能ですが、血液による抗体検査や水疱のウイルス検査で確定診断します。みずぼうそうの水疱は痒みがあるためにひっかいて、そこから細菌の二次感染を起こしたりすることがあります。患児に対しては手を清潔にして爪を切らせ、かかないよう声掛け指導が必要になります。

3 感染経路

水痘は、水痘・帯状疱疹ウイルスの感染による急性感染症です。世界中でみられ、人にのみ感染します。このウイルスの感染力は麻しんよりはやや弱いのですが、流行性耳下腺炎（おたふくかぜ）や風しんのウイルスよりは強いとされています。家族内で患者が出ると、水痘に感染していないきょうだいなどの約９割が感染・発症するとされています。学校などで集団で流行しやすいウイルスです。

通常の場合、このウイルスは気道粘膜から入り込んで、まず鼻咽頭と所属リンパ節で増え、第一次ウイルス血症を起こして肝臓や脾臓、その他の臓器に到達し、そこでさらに増殖して第二次ウイルス血症を起こして、皮膚に水疱をつくります（他の説もあります）。この間の潜伏期間は約２週間ですが、初めの発疹が出現する１〜２日前からすべての水疱がかさぶたとなるまでの間、他の人へ感染が起こります。水痘・帯状疱疹ウイルスの感染力は強く、空気感染、飛沫感染、接触感染を起こすため、水疱のすべてがかさぶたとなるまでの期間は出席停止となっています。

なお、流行の時期としては、毎年12〜７月に多くみられます。

水痘に罹患したことがある人は、知覚神経の根っこに水痘帯状疱疹ウイルスが終生潜伏し、高齢化などの免疫低下などに伴い、再活性化して帯状疱疹を起こします。神経の走行に沿って痛みと赤みを伴う水疱が帯状に出るのが特徴です。水痘のように周囲に広がることはほとんどありませんが、発疹の部位にウイルスが存在しますので、水痘にかかったことがない人が、帯状疱疹の発疹に直接触れたりすると感染して水痘を発症することがあります。

4 どんな人が感染しやすいのか

患者の多くは幼児で、０歳児においては、母親からの移行抗体の減衰する６か月以降で患者の発生が多くなります。年齢が大きくなるとともに少なくなっていましたが、１〜２歳児への水痘ワクチンの定期接種により小学生の割合が増えました。また、成人の感染者も少数ではありますが報告があります。成人は小児より重症化しやすいとされ、肺炎、脳炎などの合併症の可能性もより高くなっているので注意が必要です。特に妊婦や免疫不全者は重症化しやすいです。

日本で開発されたワクチンがやっと定期接種化されました。１回の接種のみでは水痘にかかってしまうことが少なくないので、２回接種が勧められています。

2_水痘（すいとう；みずぼうそう）への対応

1 水痘のワクチンについて

水痘には予防ワクチンがあり、2014年10月より定期接種となって、１〜２歳を対象として２回接種（３か月以上の間隔をあけて）が実施されます。しかし、それまでは１歳以上からの任意接種となっていましたので接種率が低く、学校などで集団感染が起こっています。

水痘ワクチンは日本で開発され、世界100か国以上で毎年1400万人が接種を受けています。学校現場などの集団では、空気感染する疾患でもありますから、１名の発症者が出たら、速やかにその周囲の子どもに、水痘の罹患歴と水痘ワクチンの接種歴の調査を行うことが望ましい対応です。水痘の免疫がない場合でも、発症者との接触後72時間以内であればワクチンの効果によって発症の阻止、または軽症化が期待できます。妊婦への感染防止も重要なので、保護者にも知らせます。

一方、水痘ワクチンを接種しても、その後、このウイルスに暴露されたときに発症することがあります。しかし、その場合には、水疱の数も少なく症状は軽くなります。

３歳以上においても任意でワクチンが受けられます。ワクチン未接種でかかったことのない人や職員も含め、合計２回のワクチン接種が勧められます。

水痘（すいとう；みずぼうそう）

水痘ウイルスに感染すると水ぼうそうになります。水ぼうそうは、1週間位でかさぶたになって治ります。
カサブタ
もうなおった！
学校は全部かさぶたになるまで休み！
しかし、治った後も、水痘ウイルスは人の知覚神経節に何十年も潜伏感染します。
あっと いうまに 50年が すぎました
そして、高齢になったり、体力が落ちたりすると、再び暴れて、帯状疱疹を起こします。とても痛いです。
みずぼうそうが なおったこどもも 50年がすぎました
イタタタタタ
このように水痘ウイルスは、とてもしつこい病原体です。この水痘は、ワクチンで予防できます。

水痘（みずぼうそう）についてのお知らせ

水痘は、水痘・帯状疱疹ウイルスに初めて感染したときに起こる病気です。冬から夏の初めに子どもを中心に流行します。水痘の感染力は非常に強く、潜伏期間は主に14～16日（10日未満や21日程度になる場合もある）です。赤い小さな発疹が体にでき、水疱になり膿をもち、最後はかさぶたに変化します。脳炎などの重い合併症を起こしたり、免疫の弱い子どもでは命に関わる場合もありますので注意が必要です。

水痘はどうやってうつるの？

咳や鼻水などのしぶきによる空気感染・飛沫感染があります。その他には、水疱の中にいるウイルスで接触感染もします。

水痘が治った後も…

水痘が治った後も、このウイルスは体内にすみつきます。免疫力が落ちたときには、帯状疱疹の原因にもなります。

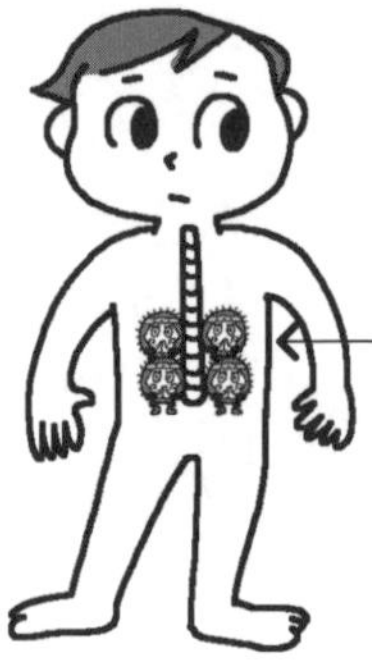

水痘・帯状疱疹ウイルスは、知覚神経節に潜んでいることが多いです。知覚神経節は、体の痛みなどを感じる神経のことで、皮膚の場所ごとに働く神経が決まっています。帯状疱疹があらわれる場所は、知覚神経節のどこに水痘・帯状疱疹ウイルスが潜むかによって違ってきます。

水痘の予防について

水痘の予防にはワクチン接種が有効です。水痘にかからなくなる、仮にかかっても軽くて済むなど効果が期待できます。さらに水疱のあとも残りにくくなります。

ワクチンの接種は１歳から受けることができ、腕に１回接種し、効果を確実にするために、３か月以上たったら２回目を受けることが推奨されます。１歳未満のお子さんの場合は、かかりつけ医に相談してください。水痘ワクチンは2014年10月から１～２歳児を対象に定期接種になりました。３歳以上は任意で受けることができます。

また、一緒に遊んだ子どもがウイルスに感染した場合でも、ウイルスが体に入ってから３日以内にワクチンを接種すれば、症状が出ることを防げるか、かかっても軽くすることができます。

水痘の治療について

水痘（みずぼうそう）を治療する薬もあります。みずぼうそうにかかったら、早めに医療機関を受診しましょう。「アシクロビル」「バラシクロビル」という薬が有効です。なお、学校保健安全法ではすべての発疹がかさぶたになるまで出席停止となります。

水痘が治るまで

水痘にかかった場合、医師の診察のもと、すべての発疹がかさぶたになるまでは登校できないことになっています。以下では、水痘の発症から治癒までを簡単に説明します。

① 「虫さされかな?」程度のぶつぶつができる。初めは痒くないが、徐々に痒くなり、数がどんどん増える。

ぶつぶつの様子◎はじめは虫さされかな？ という程度のちいさいぶつぶつ。

② 次の日になると、さらに痒みが増す。ここでかくと、かいたところからバイキンが入るおそれがある。

ぶつぶつの様子◎大きくなって水ぶくれになる。熱が出ることもある。

③ 4～5日たつと、初めにできたぶつぶつはかさぶたになる。痒みはあるが、かさぶたをはがさないようにする。

ぶつぶつの様子◎できたばかりのぶつぶつと、かさぶたのぶつぶつが両方。

④ 1週間すぎると、かさぶたが自然にとれてくる。これが治った証拠で、医師の診察後、登校が可能になる。

ぶつぶつの様子◎ぶつぶつが治ってもウイルスは体内に生涯潜伏する。

髄膜炎菌性髄膜炎（侵襲性髄膜炎菌感染症）

【Meningococcal meningitis】

重大な
疾患です
予防が
重要です

髄膜炎菌性髄膜炎は細菌性髄膜炎の一つで、髄膜炎菌の感染によって起こる病気です。発症した場合には抗菌剤の治療を行っても、後遺症や死亡に至る危険性が高い重症疾患です。髄膜炎菌は飛沫により感染が広がるため、人が多く集まる場所、寮生活、ユースのキャンプ、ライブコンサート参加者などはハイリスクです。日本では、2013年4月から2017年10月までに160例が報告されており、保菌率は0.4〜0.84%の報告があります。海外では、アフリカのセネガルからエチオピアまでの地帯は髄膜炎ベルト地帯とよばれる好発地域ですが、アメリカ、イギリス、オーストラリアなどでも流行があり、留学などの際は要注意です。近年の日本でも年間40例程の患者が発生し、学生寮などで死亡例がありました。回復しても麻痺、てんかんなどの後遺症が残る場合があります。

【髄膜炎菌性髄膜炎】の法的な扱い

❶学校保健安全法

髄膜炎菌性髄膜炎は、「学校において予防すべき感染症（学校感染症）」では、「第二種」の感染症です。医師によって感染のおそれがないと認められるまで、出席停止です。

❷感染症の予防及び感染症の患者に対する医療に関する法律

髄膜炎菌性髄膜炎は、五類感染症で全数把握の感染症です（平成25年4月から侵襲性髄膜炎菌感染症）。診断した医師は、7日以内に最寄りの保健所に届け出をします。髄膜炎であることが証明されていなくとも、血液などのサンプルから髄膜炎菌が認められれば、侵襲性髄膜炎菌感染症として扱います。

1_髄膜炎菌性髄膜炎とは

1 病原体

病原体は髄膜炎菌です。髄膜炎菌は健常者の鼻咽頭にも存在しており、それほどめずらしい菌ではありません。菌が粘膜をとおして血液や髄膜に侵入した場合にはじめて症状を引き起こします。髄膜炎菌は少なくとも13種類に分類され、地域によって流行する髄膜炎菌が違います。A、B、C、Y、W-135型が主に病気を起こします。

学生寮などの集団生活では特に注意が必要です。

2 髄膜炎菌性髄膜炎の症状

髄膜炎菌性髄膜炎の潜伏期間は主に4日以内（1〜10日）です。発症初期はかぜに似た症状（発熱、頭痛、吐き気など）のため、早期診断が難しく適切な治療を受けにくい病気です。発症後13〜20時間頃には皮下出血や発疹が出たり、息が苦しくなったり、光を異常にまぶしく感じるなど、普段とは違った症状が起こりはじめます。劇症型では1

特に注意したい年齢　0歳、15～19歳で好発（40代以上の発生もある）

～2日で死に至ります。日本でも致命率は19％にのぼり、回復した場合でも11～19％の割合で壊疽により手足を切断したり、耳が聞こえにくくなったり、言語障害や知能障害などの後遺症が残ってしまいます。治療については、ペニシリンＧや第三世代セフェム系抗菌薬などが使われますが、治療が間に合わないことも多く、予防することが重要な疾患です。

3 感染経路

髄膜炎菌は、人の鼻や喉の粘膜に定着します。感染者の咳やくしゃみ等の飛沫を吸い込む飛沫感染や分泌物の接触感染によって、髄膜炎菌が伝播されます。髄膜炎菌が粘膜に定着した人の１％未満で、髄膜炎菌が粘膜から侵入して血流に入り、全身の臓器に髄膜炎菌が到達して、病気を起こします。さらに、このようになった感染者の半数程度で菌が髄液に侵入して髄膜炎を起こします。

4 どんな人が感染しやすいのか

日本における侵襲性髄膜炎菌感染症（IMD）の発生数は年間30～40例で、誰でも感染する可能性がありますが、“15～19歳の思春期”が好発年齢です。また、これに加えて“集団生活”が感染のリスクとなるため、“寮生”はハイリスク群となり、国内でも学生寮での集団感染がしばしば発生しています。このため、「学校の寮などで集団生活を送る者」に対してワクチン接種が推奨されています。

事例	内容
宮崎県の高等学校（2011 年）	運動部寮内で集団感染が発生し、寮生と職員計５名が髄膜炎菌感染症と診断（疑い含む）され、そのうち寮生１名が死亡。
三重県の全寮制高等学校（2013 年）	寮生１名が髄膜炎菌感染症を発症。寮生 15 名を含む学校関係者に抗生物質の予防投与が実施された。
東京都の職業訓練校（2014 年）	寮生２名が髄膜炎菌感染症を発症。同じ寮で生活していた寮生 809 名の保菌状況を調査したところ 33.7％の保菌率が確認された。
日本で開催された国際的イベント（2015 年）	山口県で開催された世界スカウトジャンボリー参加者のスコットランド隊のスカウト３名とその親類１名、スウェーデン隊のスカウト１名が髄膜炎菌感染症を発症。
神奈川県の全寮制大学校（2017 年）	横須賀市内の全寮制大学校において 10 代男子学生が IMD を発症し、死亡。学校関係者の濃厚接触者は 42 名で、そのうち保菌者は 10 名（学生９名、職員１名）いることが判明した。

2 _髄膜炎菌性髄膜炎への対応

1 予防対策

学校などで発生した場合には、他の人への感染について急いで調査し、感染患者との密な接触があった人には、抗生物質の予防投与が行われます。

2 髄膜炎菌性髄膜炎のワクチンについて

A、C、Y、W135の4価結合型ワクチンが日本でも2014年に認可され、任意で接種できるようになりました。海外では、アメリカ、イギリス、カナダ、オーストラリアなど多くの先進国、および好発地帯のサウジアラビアやスーダンなどで髄膜炎菌ワクチンの定期予防接種が行われています。

3 侵襲性髄膜炎菌感染症（IMD）が発生したら

早急に医療機関や保健所に相談することが重要です。

髄膜炎菌は二次感染の頻度が高い細菌です。したがって、IMD発症者と濃厚接触者（家族および同伴者、医療従事者など）には抗菌薬の予防投与を検討する必要があります。

欧米諸国では、濃厚接触者への抗菌薬予防投与の基準が定められています。残念ながら日本では具体的な予防投薬の指針がありませんが、国内のIMD発生事例では抗菌薬予防投与が行われています。

4 予防投与について

IMD患者と接触してから二次発症までの期間は、多くの場合2〜10日ですので、予防投薬は保菌検査などの結果を待たずに可能な限り早期に投薬する必要があります。暴露後予防は、シプロフロキサシン、リファンピシンもしくはセフトリアキソンが用いられます。

侵襲性髄膜炎菌感染症（IMD）における暴露時の予防内服

薬剤	年齢	用法・容量
リファンピシン	小児＜1か月 小児＞1か月 成人	5mg/kg・12時間毎2日間 10mg/kg・12時間毎2日間 600mg・12時間毎2日間
シプロフロキサシン	成人	500mg経口1回投与
セフトリアキソン	＜15歳 成人	125mg筋注1回投与 250mg筋注1回投与

参考文献　Prevention and Control of Meningocococal Disease ACIP, United States, 2012

【入寮についてのお知らせ】
侵襲性髄膜炎菌感染症について

侵襲性髄膜炎菌感染症は、髄膜炎菌を原因とする感染症です。髄膜炎菌は健康な人の鼻や喉にも存在する細菌です（保菌率0.4～0.84%）。特に寮生活をする学生が集団感染を起こす危険があり、発症すると急速に症状が進行し致命率も高い疾患です。好発年齢は15～19歳です。

侵襲性髄膜炎菌感染症って、どんな病気？

侵襲性髄膜炎菌感染症の初期症状は、普通のかぜのような頭痛や発熱ですが、症状の進行が極めて速く、意識障害やけいれんをきたし、全身に出血斑が出て発症から24時間以内に死亡することもある危険な病気です。致命率は19%と高率で、回復しても、11～19%に四肢切断や神経障害という重い後遺症が残ってしまいます。

侵襲性髄膜炎菌感染症は、なぜ学生寮で注意が必要なの？

侵襲性髄膜炎菌感染症の原因となる髄膜炎菌は、「飛沫感染」「接触感染」します。そのため、「寮などでの共同生活」「食器類の共用」「ペットボトルなどの回し飲み」などの生活様式が感染リスクとなります。学生寮はリスクが高く、ワクチンによる予防が推奨されています。

寮などでの共同生活

食器類の共用

ペットボトルなどの回し飲み

侵襲性髄膜炎菌感染症の予防は？

侵襲性髄膜炎菌感染症にはワクチンがあります。任意接種ですので、医師と相談して接種を決めてください。侵襲性髄膜炎菌感染症について相談できる医療機関は、ウェブサイト「よくわかる髄膜炎菌（http://imd-vaccine.jp）」で検索することができます。

中東呼吸器症候群
MERS（マーズ）

マーズとよばれる中東呼吸器症候群は、2012年に初めて感染者を確認した新興感染症です。学校保健安全法において第一種の感染症です。病原体は、MERSコロナウイルスです。2003年に流行を起こした重症呼吸器症候群SARS（サーズ）の原因ウイルスであるSARSコロナウイルスと近縁のウイルスですが、異なる病気です。

主にサウジアラビア、アラブ首長国連邦、オマーン、イエメン、イラン、カタール、クウェート、ヨルダン、レバノンなどのアラビア半島諸国で患者が報告されています。一方で、それらの中東地域で感染した人が、ヨーロッパやアフリカ、アジア、北米などに移動し、そこで感染が確認された輸入症例も報告されています。2015年には、韓国でマーズの院内感染が拡大し、大きく報道されました。日本での報告はありません（2018年８月現在）が、同様の輸入症例が発生する可能性もあり、2014年に指定感染症とされ、2015年にはMERSコロナウイルス感染症は２類感染症に指定され、医師にはすべてのマーズ患者発生の届出が義務となりました。

どんな病気？

潜伏期間は、２〜14日で、発熱に咳、息切れ、下痢などの消化器症状を伴うこともあります。不顕性感染や軽症の人もいますが、中高年齢層や基礎疾患のある人で急速に重症化し、肺炎を発症します。家族や院内感染で、他の患者や医療従事者への感染も報告されています。このような事例は、人から人への感染ですが、その伝播効率は悪く、次々に人から人へ持続した感染が起こっている訳ではありません（2019年１月現在）。しかし、このウイルスが変異を起こすことで、2003年のSARSの流行事例のように大規模な流行を起こす可能性も否定できません。これらの対応として、国は情報提供とともに迅速な検査体制を整え警戒をしているのです。

中東呼吸器症候群の法的な扱いについて

学校保健安全法

第一種の感染症です（病原体がベータコロナウイルス属 MERS コロナウイルスであるものに限る）。

感染症の予防及び感染症の患者に対する医療に関する法律

二類の感染症です（病原体がベータコロナウイルス属 MERS コロナウイルスであるものに限る）。

感染の経路は？

患者から分離されたウイルスと同じウイルスが、中東のヒトコブラクダから分離されたことから、ヒトコブラクダから人への感染があったと考えられます。また、自然宿主はコウモリであると考えられています。しかし、患者にはこれらの動物と接触歴のない人も多くいます。また、患者の家族や医療機関での院内感染など、人から人への感染も報告されています。

治療・予防は？

ワクチンはまだなく、効果的な薬も未開発のため治療は対症療法となります。韓国の院内感染の調査では、ウイルスの粒子によるエアロゾルが室内空間に充満し、それが拡がることで同じ病棟内に感染者が多数発生したことが示唆されています。インフルエンザやこのマーズをはじめとして、咳やくしゃみによって病原体が飛散する疾患では、空間中のウイルス濃度の低減を目指して、教室内の換気などが大切です。

ボクはマーズ
サーズのいとこの
ウイルスです
ボクもサーズも
第一種の
学校感染症だよ

腸管出血性大腸菌感染症（O157等）

【Enterohemorrhagic Escherichia coli Infection】

大腸菌は、人や動物の腸内にいて、ほとんどは無害です。しかし、なかには人を病気にする病原性大腸菌もいます。腸管出血性大腸菌は、毒素を産生して出血を伴う腸炎や溶血性尿毒症症候群を起こす大腸菌です。腸炎に引き続き起こる溶血性尿毒症症候群は、重篤化し死亡するケースもある重大な感染症で、感染の予防を徹底する必要があります。

【腸管出血性大腸菌感染症】の法的な扱い

❶学校保健安全法
腸管出血性大腸菌感染症は、「学校において予防すべき感染症（学校感染症）」では、「第三種」の感染症です。医師が感染のおそれがないと判断するまで出席停止となります。

❷感染症の予防及び感染症の患者に対する医療に関する法律
腸管出血性大腸菌感染症は、三類感染症です。医師は、腸管出血性大腸菌感染症を診断した場合には、速やかに最寄りの保健所に届け出ます。

1_腸管出血性大腸菌感染症とは

❶ 病原体

病原体は、腸管出血性大腸菌のO157、O26、O111など、ベロ毒素を産生する大腸菌です。牛などの家畜や人の便の中に、ときどき見つかることがあります。家畜は病気にならないので、どの牛が菌を保有しているのかはわかりません。

これらの大腸菌は、50個～100個程度の菌数でも、人を発症させることができると考えられています。このように少ない数の菌でも感染が成立し、腸管の中で増殖して毒素をつくって、その毒素で病気を起こします。O157は酸に強く、胃酸でも生き残って腸に到達します。

低温には強いですが、熱に弱いので、食材の加熱をよく行うことが大切です。また、水の中で長期間生存する性質があります。1990年には、埼玉県の幼稚園で井戸水が原因のO157の集団感染が起こっています。井戸水の適切な管理も必要です。

❷ 腸管出血性大腸菌感染症の症状

ベロ毒素を産生する腸管出血性大腸菌が、汚染された食品や水な

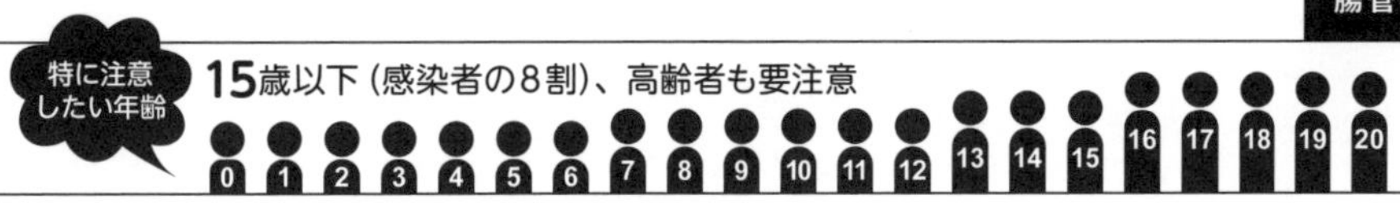
特に注意したい年齢
15歳以下（感染者の8割）、高齢者も要注意
0 1 2 3 4 5 6 7 8 9 10 11 12 13 14 15 16 17 18 19 20

どから口に入ったり、感染者の糞便等が手を介して口に入ると、通常３～４日（１～８日）の潜伏期をへて、激しい腹痛を伴った水様便で発症します。激しい腹痛が続き著しい血便となることがあります。発熱は軽度で、血便は徐々に血液の量が増加して、便の成分が少なく血液がほとんどという状態になります（症状がない例や軽い腹痛、下痢で済む場合もあります）。

さらに合併症にも注意が必要です。患者のうち６～７％は下痢などの症状が出てから平均７日（２週間以内）に、溶血性尿毒症症候群や脳症などの重篤な合併症を起こすことがあり、速やかに医療機関を受診します。溶血性尿毒症症候群では、致死率が５％程度と報告されており、特に５歳未満の小児に発症のリスクが高いと報告されています。

治療は、O157感染症による下痢においては、細菌感染症であるので、適切な抗菌剤を使用します。日本では、ホスホマイシン（１日２～３g、小児40～120mg／kg／日を３～４回に分服）の投与が多く行われています。抗菌剤の使用は３～５日とし、薬剤の耐性菌に注意をします。抗菌剤の使用後、症状が良くなっても、その２～３日後に急に悪化することもあるので、注意を怠らないようにします。重症な合併症もある疾患なので、その場合には設備や機能をもつ医療機関での治療となります。

3 感染経路

腸管出血性大腸菌の感染は、病原菌で汚染された生肉や飲食物をとることによる経口感染が主な原因です。特徴として、ごく少数の菌数でも感染、発症する性質があります。

2011年には、生肉のユッケで死亡事故が起きています。生肉、生レバーの摂取は避けます（豚と牛の生レバーは飲食店での提供が禁止されています）。菌は熱に弱いため肉類などの食品をよく加熱することが大切です。また、漬物やイクラ等を原因食とする、同時多発の集団感染も起こっています。汚染された食品が広い地域に流通販売され、それを購入飲食した人が感染した事例でした。野菜を原因とする腸管出血性大腸菌の感染例も報告されており、野菜も流水でよく洗う必要があります。

腸管出血性大腸菌の病原菌は感染者の便中に排泄されます。人から人への二次感染は手を介した糞口感染となるため、手洗いをよく

焼き肉とバーベキューでは肉用と食用の箸を必ず分けて使いましょう。O157は速やかに医療機関で治療を開始することが大切です。

行うことが大切です。さらに菌に汚染された井戸水やプールの水で感染した事例もあります。感染者の便中には菌が排泄されますが、下痢が止まった後も４、５日程度は菌が排泄されて感染源となります。治った後にも排便後の手洗いを励行します。流行の起こりやすい時期としては、気温の高い６月から10月にかけて多くなりますが、冬季にもみられます。

以下では、国内の腸管出血性大腸菌O157の感染事例について、原因食品と特定（または推定）された食品を示しています。十分注意してください。

井戸水、牛レバー、メンチカツ、ハンバーグ、牛角切りステーキ、牛たたき、ローストビーフ、鹿肉、サラダ、カイワレ大根、キャベツ、メロン、白菜漬け、日本蕎麦、シーフードソースなど。

形成肉やタレに浸け込んだステーキ肉などは中心部までよく加熱します。

4 どんな人が感染しやすいのか

患者の約８割が15歳以下です。高齢者や乳幼児はかかりやすく、重症化しやすいですが、若い健康な人でも死亡事例があるため、要注意です。

2_腸管出血性大腸菌感染症への対応

1 予防対策

予防については、食品の加熱、手洗い、調理器具の消毒など、pp.102～103の資料に記した対策などを徹底することが必要です。

症状が出た場合には、自分の判断で下痢止めなどを飲まず、速やかに医療機関を受診してください。下痢止めは毒素の排出をされにくくし、抗菌剤もときに症状を悪化させることがあるため、慎重に使用するなどの方針が決められています。

2 腸管出血性大腸菌感染症のワクチンについて

腸管出血性大腸菌感染症のワクチンはありません。そのため、原因菌が口から入らないように、予防に普段から気を配る必要があります。

腸管出血性大腸菌（O157）感染症

❶ 生焼けの肉は要注意！

O157は牛肉、牛レバー、ユッケ等が多くの原因です。75℃以上で１分間加熱すれば菌は死滅します。生焼けの肉は要注意！

❷ バーベキューから3日後

O157は50個の菌数で感染が成立！ O157は感染力が強いのです！　だから手洗いはとても大切!!

❸

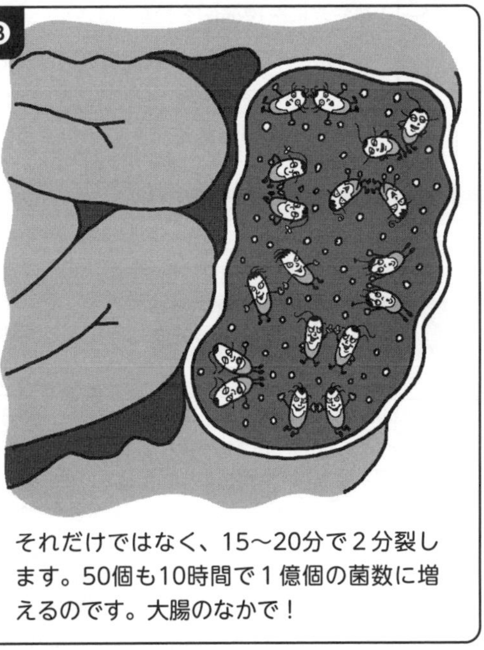

それだけではなく、15～20分で２分裂します。50個も10時間で１億個の菌数に増えるのです。大腸のなかで！

❹

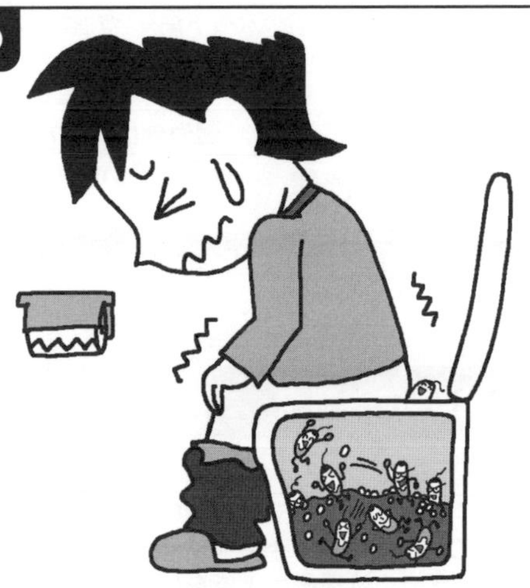

出血を伴う腸炎となり、腹痛とともに鮮血のような血の混じった下痢が！　速やかに医療機関に行かないと、重篤な合併症や死亡することがあります。

腸管出血性大腸菌感染症（O157等）注意のお知らせ

大腸菌の中にはO157、O111、O128、O145など、「ベロ毒素」を産生して、出血を伴う腸炎や、溶血性尿毒症症候群などの重篤な病気を起こす「腸管出血性大腸菌」がいます。感染は気温の高い６月から10月に多くなりますが、冬季にも感染のおそれがあります。各家庭でも予防措置をとるなど、十分注意してください。

どんな病気？

O157は、50個くらいの菌数でも感染する感染力の強い菌です。この菌に感染すると通常3～5（1～8）日の潜伏期間の後に発症します（潜伏期がやや長いので原因が特定されにくく厄介です）。症状は以下の3つです。

①下痢
（通常の下痢、頻回の水様下痢）、鮮血のような血液の混ざった下痢

②腹痛

③発熱や吐き気

速やかに医師に診てもらいます！

✚✚ 注意 ✚✚

- ☑ 特に体の抵抗力の弱い乳児や高齢者では、溶血性尿毒症症候群（Hemolytic Uremic Syndrome:HUS）や脳症（けいれんや意識障害など）を引き起こしやすいので注意が必要です。
- ☑ 自分の判断で下痢止めを飲まないで、速やかに医療機関を受診します。
- ☑ タオル、バスタオルは共用しないようにしてください。
- ☑ プールや共同浴場には入らないようにしてください。

洗濯時の注意点

- ✚ 下着、おむつなどについた便の処理には、使い捨て手袋を使ってください。処理後は手袋をはずし、石けんでよく洗うようにしましょう。
- ✚ 便で汚れた下着、おむつは塩素系漂白剤につけておき、他のものと分けて洗濯してください。

- ✚ 洗った洗濯物は日の光にあて、しっかり乾かしましょう。

トイレについての注意点

- ✚ 排便後は、トイレットペーパーでぬぐった手と反対の手で水洗レバー等を操作するようにしましょう。
- ✚ 排便後は必ず手を洗いましょう。

- ✚ トイレは常に清潔に掃除し、ドアノブ、水洗レバー、電気のスイッチなど、手の触れるところは特に念入りにきれいにしましょう。

感染を防ぐために注意したいこと

1 生の肉には注意してください。

子どもたちには、肉の生食は控えます。肉は中まで火が通り、肉汁が透き通るまで加熱してください。

※O 157は熱に弱く、75℃で1分間以上加熱すれば死にます。肉は表面だけでなく、中心部までしっかりと火を通すようにしてください。

2 水道水や飲んでも大丈夫という水以外は飲まないようにしてください。

川の水や湧水には注意してください。きれいに見えても細菌が多くいることがあります。

3 動物たちと触れ合った後には、よく手を洗うようにしてください。

4 下痢をしているときは、お風呂は一番最後に入り、シャワーで済ませるようにしてください。

5 下痢がおさまっても、4～5日はプールなどは控えるようにしてください。

正しい手洗いをしましょう！

- ハンカチの貸し借りはしない。
- 爪はきれいに切る。
- 帰宅時、トイレの後、動物に触れた後などにはしっかりと手を洗う。また、調理前や調理中に生ものを触ったときなども、食事の前にはしっかり手を洗う。

❶ 手のひらで石けんを泡立てます。

❷ 手のこうも、こすって洗います。

❸ 指を一本ずつていねいに洗います。

❹ 両手をもむようにして指の間を洗います。

❺ 爪を手にこすりつけるように洗います。

❻ 手首を片方ずつ洗います。

❼ 石けんが残らないように、しっかり洗い流します。

❽ 清潔なタオルやハンカチで水分をしっかりふき取ります。

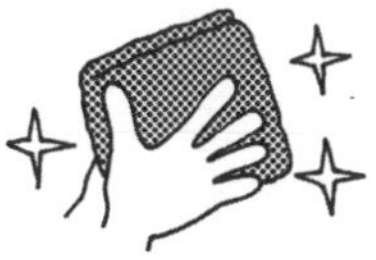

食中毒の予防について

ご家庭で注意してほしいこと

✚ HACCPを取り入れた食中毒予防を

HACCPとは、Hazard Analysis and Critical Control Pointsの略称で、日本語に直すと、危害分析（HA）・重要管理点（CCP）とよばれます。製造の工程を管理することに重点を置いた衛生管理の手法の一つです。
ご家庭でも食品の購入から食後の後始末まで、一つ一つの工程について、食中毒を防ぐためのチェックをお願いします。

HACCPはアメリカのNASAで宇宙食をつくるときの方法として考え出された手法です。

食中毒予防の3原則は、食中毒菌を「つけない」「増やさない」「やっつける」です。以下のチェックポイント以外にも、常に3原則を意識した対応で、ご家庭での食中毒を予防してください。

✚ 家庭での食中毒予防のチェックポイント

6つのチェックポイントが調理過程で守られているかチェックしましょう。

1 食品の購入時に気をつけたいこと

- ☑ 新鮮なものを購入してください。
- ☑ 消費期限を確認してください。
- ☑ 肉汁や魚などの水分がもれないように注意してください。
- ☑ 肉や魚などを買ったら、寄り道はしないようにしてください。

2 家庭での保存の際に気をつけたいこと

- ☑ 家に帰ったら食品はすぐに冷蔵庫に入れてください。
- ☑ 冷蔵庫の中身は詰め込み過ぎず、7割程度にしてください。
- ☑ 冷蔵庫の中でも食品の肉汁などはもれないように注意してください。
- ☑ 食品を扱う前後にはきちんと手洗いをしてください。

3 料理をする前に気をつけたいこと

「きれい」と「清潔」は違います。消毒などをして清潔になるようにしましょう。

- ☑ きちんと手を洗ってください。
- ☑ 調理台や調理器具、ふきんなどは清潔なものを準備してください。
- ☑ 野菜はしっかり洗います。カット野菜を洗うことも忘れずに！
- ☑ 室温で解凍は×。冷蔵庫の中に入れて解凍するか電子レンジを使いましょう。使う分だけを解凍してください。

4 調理のときに気をつけたいこと

包丁やまな板は、肉用、野菜用で使い分けられるとベスト！　使ったらすぐに洗って、熱湯などで消毒してください。

- ☑ 調理を始める前に台所が清潔になっているかもう一度チェック。
- ☑ サラダなど生で食べる料理に肉や魚などの汁がかからないようにしましょう。
- ☑ 生の肉や魚を切った包丁やまな板では、サラダなど生で食べる食品を扱わないように。
- ☑ しっかり加熱。中心部の温度が 75℃で1分間以上加熱すること！

電子レンジを使う場合は、電子レンジ用の容器、ふたを使いましょう。加熱をしっかり行うため、中身を混ぜたりしながら、しっかり加熱してください。

5 食事のときに気をつけたいこと

O157 は室温でも 15～20 分で2倍に増えてしまいます。

- ☑ 食事の前にも手を洗ってください。
- ☑ 盛りつけは、清潔な手で清潔な食器にしてください。
- ☑ 温かい料理は温かいうちに、冷たい料理は冷たいうちに食べましょう。
- ☑ 調理前、調理後の食品は、室温に放置しないようにしてください。

6 食事の後や調理の後に気をつけたいこと

- ☑ 残り物は、きれいな器具、お皿を使って保存しましょう。手洗いも忘れずに！
- ☑ 時間が経ち過ぎてしまったら、もったいないですが捨てるようにしましょう。
- ☑ 残り物を温め直すときも過熱を十分に行ってください。
- ☑ 怪しいと思ったら捨てましょう。口に入れるのは×！

手足口病

【Hand, foot and mouth disease：HFMD】

手足口病のてローンだよ
口の中の水疱が痛いからって脱水にならないようにね

手足口病は、口の中の粘膜や手のひら、足のうらなどにピンク色の発疹や水疱性の発疹が出る病気です。主に幼児のかかる病気ですが、児童にも流行することがあります。夏を中心に流行します。感染後は、口の中に病変ができるために飲食物がうまくとれない場合もありますが、栄養、特に水分の補給に努めます。

【手足口病】の法的な扱い

❶学校保健安全法
手足口病は、「学校において予防すべき感染症（学校感染症）」では、「その他」の感染症（第三種の感染症として扱う場合もある）です。症状から回復しても長期にわたってウイルスが排泄されますので、出席停止などの措置は流行阻止にはあまり効果はありません。本人の状態が改善すれば、登校、登園は可能です。医師に相談します。

❷感染症の予防及び感染症の患者に対する医療に関する法律
手足口病は、五類感染症で、全国約3000か所の小児科定点医療機関から週ごとに発生報告が届け出されます。

1_手足口病とは

❶ 病原体

手足口病は、コクサッキーウイルスA16、A10、A6やエンテロウイルス71の感染によって起こります。エンテロとは、腸という意味で、このウイルスは消化器から便に長く排泄され、感染源となります。しかし、学校などの集団感染は、症状の強い急性期のウイルスの含まれただ液などの飛沫感染と考えられます。夏かぜの一つです。中枢神経系の合併症もまれにあります。39℃以上の高熱や、熱が長く続く場合は合併症の心配もあり注意が必要です。

手のひら、足のうら、甲、手や足の指の間、くるぶしや口の中に小さい水疱ができます。手足口病と言っても、「手と足」や、「足と口」だけ等、全部そろわないこともあります。

❷ 手足口病の症状

手足口病の潜伏期間は3～6日で、発症後には口腔粘膜や手のひら、足のうらなどに水疱性の発疹を起こす急性のウイルス感染症です。お尻やひざに赤い小さな発疹が出ることもよくあります。発症の初期に発熱を伴うことがあります。発疹は淡紅色の細かなものや2～3mmの水疱性のものです。上あごや歯肉などの粘膜疹ができます。

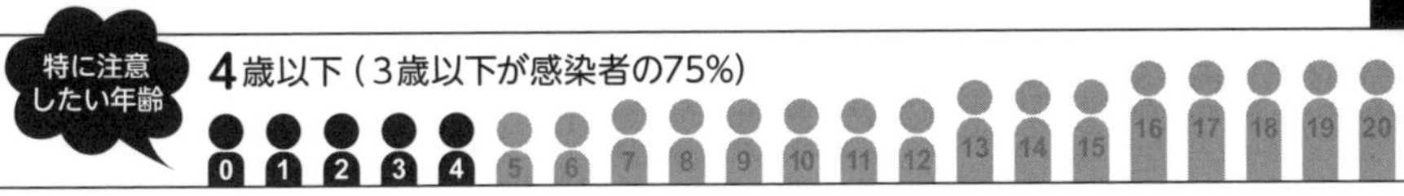
特に注意したい年齢
4歳以下（3歳以下が感染者の75%）
0 1 2 3 4 5 6 7 8 9 10 11 12 13 14 15 16 17 18 19 20

通常は３～７日で発疹は消退して、水疱は痂皮をつくりません。

ウイルスの種類によっては、まれではありますが下痢を伴ったり、無菌性髄膜炎や心筋炎、脳炎などの合併症を引き起こすこともあります。合併症には死亡例もあります。そのため、高熱や頭痛、嘔吐には要注意です。

口の中の病変に対しては、刺激にならないような薄味の食事を与えます。薄いお茶やスポーツドリンクなどで脱水症状にならないように注意します。通常は特別な治療は要しませんが、合併症への心配もあり注意が必要なため、医師の診療を受けます。

3 感染経路

ウイルスが含まれる飛沫を口から吸い込む飛沫感染と水疱の内容物による感染、さらに便中にウイルスが排泄されるので糞口感染も起こします。患者の喉や鼻からの分泌物、便などのウイルスが手によって運ばれて、口や鼻に入る接触感染もあります。

ウイルスは咽頭からは１～２週間程度、便には３～５週間排泄されます。これが感染源となります。また、感染しても症状のない不顕性感染もあり、これが感染源となることもあります。これらの性質から、患者の隔離は流行の阻止にはつながりません。

なお、流行が起こりやすい季節は、主に夏ですが、秋から冬でも感染者の発生はあります。

4 どんな人が感染しやすいのか

４歳くらいまでの幼児です。３歳以下が感染者の75%を占めます。しかし、児童でも流行的に感染することもあります。少数ですが成人の報告もあります。

特に小さいお子さんがいるご家庭や保育所でのおむつ替えのときには、ノロウイルスと同じような注意が必要です。保護者や先生が自分の手で感染を拡げないようにしましょう。

2_手足口病への対応

1 予防対策

手洗いが大切です。特に回復者であっても排便後の手洗いを励行させ、他の子どもにもトイレの後の手洗いを指導します。

保育所などでは、共用のおもちゃは頻回に消毒、ふき取りを行います。さらに、おむつ替えの後の手洗いや排泄物の処理には十分気をつけます。大人もときに手足口病にかかります。発疹の痛みや関節痛などを訴えることもあります。

プールでは、水の塩素濃度の管理を徹底します。また、腰洗槽には腰までつからせ、シャワーをきちんと浴びるよう、子どもたちに指導します。

❷ 手足口病のワクチンについて

手足口病の予防ワクチンはありません。

手足口病

手足口病についてのお知らせ

手足口病とは、口の中や手、足などにピンク色の発疹や水疱が出る病気です。以下に注意点等をお知らせしますので、参考にしていただくようお願いいたします。

手足口病はどうやってうつるの?

手足口病は、コクサッキーウイルス、エンテロウイルスの感染によって起こる病気です。口からウイルスの含まれる飛沫を吸い込む飛沫感染や水疱の内容物を触ることによって感染することもあります。また、感染者の便の中にウイルスが出てくるので、それらが手を介して口に入る接触感染もあります。主に、子どもたちがかかる病気ですが、ときに大人もかかることもあります。しかし、たいていは特別に治療しなくても自然治癒します。

手足口病の症状

舌や喉のまわりに水疱ができて、痛くて食べられなかったり、水が飲みにくくなったりすることもあります。

3～6日の潜伏期の後、手のひら、足のうら、手足の甲、ひじやひざのまわり、おしりなどに淡紅色の細かい発疹や直径2～3mmの水疱ができます。口の中(上あご、歯肉など)にも粘膜疹ができます。37～38℃程度の熱が出ることもありますが、まったく平熱のまま経過することもあります。なお、ウイルスの種類によっては、無菌性髄膜炎や心筋炎や脳炎を合併することがあるため注意が必要です。

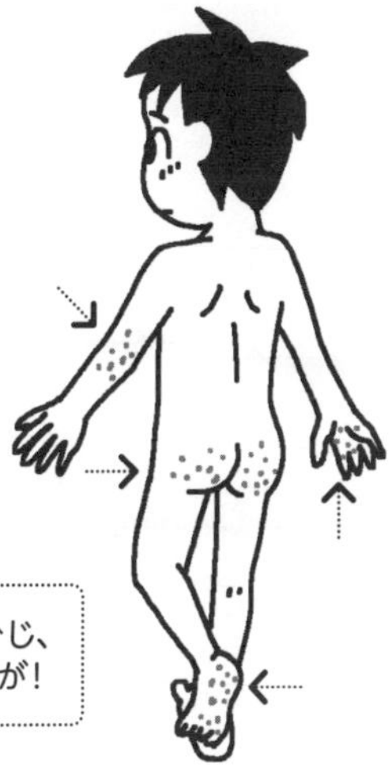

手のひら、足のうら、ひじ、ひざ、おしりなどにも水疱が!

手足口病にかかったら

- ☑ やわらかく、刺激の少ない食べ物にしましょう。口の中のぶつぶつがなくなるまで、ときに痛がる子どももいます。
- ☑ 水分を十分に与えましょう。水分をちゃんととれているか注意します。脱水を起こさないように、飲水ができているか見守ります。
- ☑ 登校、登園の停止はありません。全身状態が良いならば、登校は可能です。

予防について

夏に流行しやすい病気です。注意してください。手足口病のワクチンはありません。手洗いをよくさせましょう。特に排便後が大切です。また、プールでは、シャワーをよく浴びるように指導してください。

デング熱

【Dengue fever】

デング
ウイルスを
もった蚊に
刺されて
うつります
デング君

日本において、これまでもデング熱は年間数十人規模で発生していました。しかし、これらのデング熱感染は、海外旅行帰国者など海外での感染であったため、特に問題とはなりませんでした。ところが2014年夏に、渡航歴のない人が日本で感染したため、大きな問題となりました。現在、デングウイルスを媒介するヒトスジシマカの生息域は北上しており、東北地方にまで生息分布が確認されています。デングウイルスが恒常的に媒介される環境が整ってきており、今後、さらに海外交流も盛んになるので注意が必要な感染症です。

【デング熱】の法的な扱い

❶感染症の予防及び感染症の患者に対する医療に関する法律
デング熱は四類感染症です。診断した医師はただちに最寄りの保健所に届け出します。

1_デング熱とは

❶ 病原体

病原体は、デングウイルスです。日本脳炎ウイルスと同じフラビウイルス科に属します。血清型が１型から４型まであります。

❷ デング熱の症状

潜伏期間は多くは３～14日間です。潜伏期間をへて、突然の発熱から、頭痛、目の奥の痛み、筋肉痛や関節痛が出ます。発症から３、４日で発疹が出現し、１週間程度で回復します。有効な治療はなく対症療法です。アスピリンは出血傾向を助長するので使用しません。

しかし、デングウイルスは、血清型で１型から４型まであり、初感染は軽症でも、他の血清型のデングウイルスに再感染した場合に重症化する人が出てきます。これは、デング出血熱という疾患です。

2014年に日本に入ったデングウイルスは１型ですが、今後、他の血清型のデングウイルスの上陸もあると考えられます。異なる血清型による再感染が起これば、重症化するデング出血熱となる感染者が日本でも発生する可能性があります。デング出血熱は、その発生

特に注意したい年齢　**す**べての年齢層で感染の可能性

機序がまだ定かでなく、今後、日本で問題となる感染症です。

3 感染経路

デング熱は、蚊の吸血によって感染します。人の患者は発症1～2日前から約7日、蚊に吸血されることで、今度は新たな蚊にデングウイルスを感染させます。その蚊の中でまたデングウイルスが増えて、その蚊は生涯（約1か月間）ウイルスを人に媒介します。人から人への感染はありません。そもそもデング熱は、熱帯・亜熱帯地域で流行している感染症で、年間感染者数1億人を出しながら流行を続けています。

日本でもデングウイルスを媒介する蚊（ヒトスジシマカ）が、地球温暖化によって東北地方にまでその生息分布を拡大しており、さらに国際的な人の行き来も盛んになるなど、デングウイルスが恒常的に媒介される環境が整いつつあります。さらに、もっと強力なデングウイルス媒介能力をもつネッタイシマカが日本に生息する可能性も危惧されています。ネッタイシマカは、吸血回数も多く、ヒトスジシマカより効率よくデングウイルスを媒介し、熱帯地域などのデング熱流行地域ではこの蚊が主として媒介しています。すでに日本でもネッタイシマカの産卵が確認されており、今後の経過に注視が必要です。

ヒトスジシマカ（やぶ蚊の一種）に刺されないよう注意が必要です。人から人へ直接感染することはありません。
※ヒトスジシマカは元来、日本に生息している蚊。

4 どんな人が感染しやすいのか

デング熱患者発生地で、蚊にさされやすい活動をする人は要注意です。

2 _デング熱への対応

1 予防対策

デング熱の発生地域では、蚊に刺されないように注意します。長そで、長ズボン等を着用して、肌の露出を少なくします。また、虫よけ剤（ディート、イカリジン〈ピカリジン〉）等を使用することも効果的です。

2 デング熱のワクチンについて

2019年1月現在、デング熱の予防ワクチンはありません。

デング熱

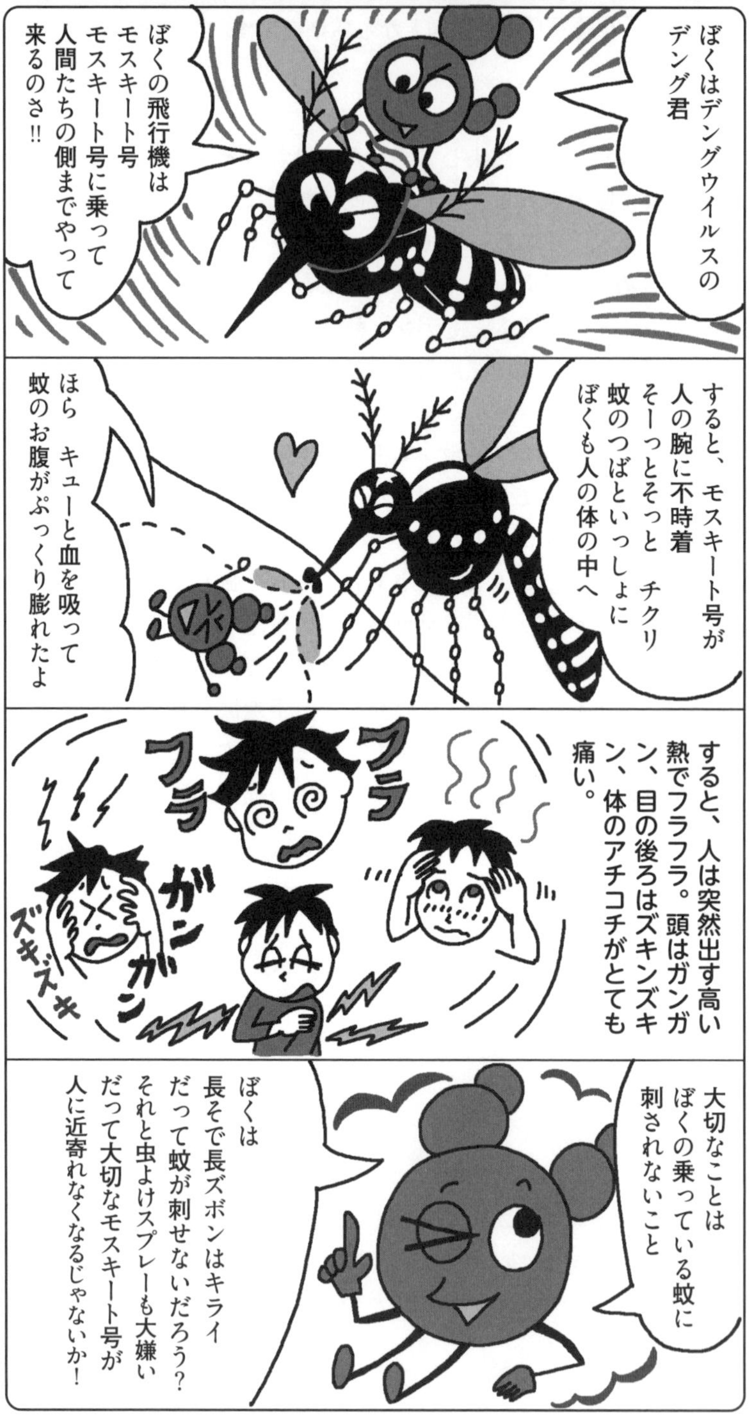
ぼくはデングウイルスのデング君
ぼくの飛行機はモスキート号 モスキート号に乗って人間たちの側までやって来るのさ!!
すると、モスキート号が人の腕に不時着 そーっとそっと チクリ 蚊のつばといっしょにぼくも人の体の中へ
ほら キューと血を吸って蚊のお腹がぷっくり膨れたよ
すると、人は突然出す高い熱でフラフラ。頭はガンガン、目の後ろはズキンズキン、体のアチコチがとても痛い。
フラ
フラ
ガン
ガン
ズキズキ
大切なことはぼくの乗っている蚊に刺されないこと
ぼくは長そで長ズボンはキライ だって蚊が刺せないだろう? それと虫よけスプレーも大嫌い だって大切なモスキート号が人に近寄れなくなるじゃないか!

ジカウイルス感染症

感染症の予防及び感染症の患者に対する医療に関する法律
四類感染症に指定され、診断した医師により保健所に全数が届出されます。

ジカウイルス感染症

1947年、アフリカ・ウガンダのジカ森。黄熱ウイルスの研究の中で、偶然に発見されたのがジカウイルスです。人は主にジカウイルスを持った蚊に吸血されることで感染します。今後、もしも日本で発生することになれば、デングウイルスと同じようにヒトスジシマカが媒介することになります。

人々の交流の活発化に伴って、ジカウイルスが世界各地に拡散。2015年からはブラジルで大流行が起こり、リオ五輪開催では強い注意喚起がなされました。2017年1月には、日本の近隣アジア諸国でも感染者が発生、感染・流行が続いています。この感染症の恐ろしい本質がわかってきました。

どんな病気？

ジカウイルス感染症は、「ジカウイルス病」と「先天性ジカウイルス感染症」とがあります。ジカウイルスに感染すると、軽い発熱、頭痛、発疹などが顕れることがあり、これが「ジカウイルス病」で、軽症で“ジカ熱”ともよばれます。また、感染しても約8割の人は症状を出しません（不顕性感染）。

一方、2015年11月頃から、ジカウイルスが大流行しているブラジルで小頭症の新生児が急増していることが報告され始め、重大な問題となりました。

小頭症とは胎児期から乳幼児期に脳が十分に発達せず、頭蓋骨の成長も不十分であるために脳の機能の発達が妨げられ、知能障害や運動障害、痙攣などが起こる、生まれながらの重度の障害です。「先天性ジカウイルス感染症」は、妊婦がジカウイルスに感染すると胎児にもウイルスが感染して、生まれた赤ちゃんが小頭症などの重大な障害を引き起こすことがあるのです。この「先天性ジカウイルス感染症」がジカウイルス感染症の最大の問題なのです。

2016年3月、世界保健機関（WHO）は、妊婦はジカウイルスの流行地域へ渡航すべきではないと勧告をしました。妊娠する可能性のある人も同様の注意が必要です。ジカウイルス感染症には予防ワクチンは未だ開発されておらず、ウイルスを殺すような特効薬もありません。しかし、日本と交流の盛んな近隣アジア諸国でもすでにジカウイルスの感染拡大が見られ、タイでは2例の小頭症児も報告されています。不顕性感染者が多くいることからも、空港などの検疫でウイルスの侵入を防ぐことはできません。観光客が増加し、国際化・グローバル化の進む日本社会で今後、デング熱と共に大きな問題となる可能性のある感染症です。

伝染性紅斑（リンゴ病）

【Erythema infectiosum】

伝染性紅斑は両頬が赤くなることから、日本ではリンゴ病ともいわれ、幼児から児童に好発する急性発疹性感染症です。主に春〜夏に流行しますが、秋〜冬に流行することもあります。成人の感染もあり、妊婦の感染では、胎児の異常（胎児水腫）や流産を起こす場合もあるので注意が必要です。このため、学校内、園内で患者が発生した場合には、掲示やお便りで知らせます。

リンゴ病は潜伏期にうつす力があるから
感染の予防が難しいの

【伝染性紅斑】の法的な扱い

❶学校保健安全法
伝染性紅斑は、「学校において予防すべき感染症（学校感染症）」では、「その他」の感染症（第三種の感染症として扱う場合もある）です。発疹が出る前に感染源となり、赤いリンゴのような紅斑が出た発疹期ではすでに他者への感染伝播はないので、登校、登園は可能です。

❷感染症の予防及び感染症の患者に対する医療に関する法律
伝染性紅斑は、五類感染症で、全国約3000か所の小児科定点医療機関から週ごとに発生報告が届け出されます。

1_伝染性紅斑（リンゴ病）とは

❶ 病原体

伝染性紅斑は、ヒトパルボウイルスB19の感染によって起こる病気です。ヒトパルボウイルスは人にしか感染しません。パルボの由来は、ラテン語の小さいという意味のparvusからきています。20nm（0.00002mm）の小さなウイルスです。

❷ 伝染性紅斑の症状

感染後7〜10日後に微熱やかぜ症状が2、3日出現し（これらの症状がまったくない場合も多い）、感染14〜18日後に典型的な赤い発疹が出ます。米国では「平手打ちをされたような」という表現をされ、日本ではリンゴのような頬といわれます。その後、赤い発疹が四肢伸側を中心に広がり、しだいに網目状、レース状になります。小児ではほとんどの場合、軽症で、発疹も1週間から10日くらいで消えていきます。

成人の場合には関節の腫れや痛みが出る場合もあります。一方で、

特に注意したい年齢 **4〜9**歳（次いで0〜3歳）、妊娠中の女性は要注意

不顕性感染も２割程度あるとされます。感染してもかぜ様症状のみで、発疹などの症状を出さない人もいます。

また、球状赤血球症やこれと近似のタイプの慢性溶血性貧血症の人たちでは、急性の重い貧血を起こすこともありますので、早急に主治医の治療を受ける必要があります。

さらに伝染性紅斑は、妊娠中には注意すべき病気です。ヒトパルボウイルスB19は、胎盤を通じて胎児にも感染し、流産や死産、胎児水腫という全身に浮腫をきたすことがあります。しかし、伝染性紅斑を発症した母親から生まれ、ウイルスの感染が確認された新生児であっても、正常分娩で生まれてからの発育も正常であることも多いです。

リンゴ病は血液疾患の人や妊婦以外には問題のない軽い疾患ですが、妊娠中、とくに前半期に感染を受けると、胎児水腫や流・死産を起こすことがあり（必発ではない）、学校で流行すると保護者に告知します。特に幼稚園や保育所はお迎えがあるので、そのためのお便りや、告知用のポスターが必要です。

3 感染経路

感染経路は、主に飛沫感染です。ヒトパルボウイルスB19は、感染した人の発疹が出現する前の時期の唾液や鼻の粘液、血液に含まれています。呼吸器系の分泌物の飛沫を吸い込むことで、人から人へ感染伝播します。その他にウイルスのついた手で口や鼻を触ったり、同じ食器を使用して感染することもあります。発疹出現期にはウイルスはすでに排出されてきているので、感染源になることはありません。

家族内では約50%、学校で同じクラスであった場合では10〜60%の子どもが感染者との接触や飛沫で感染します。春を中心に、１月から７月頃まで、患者が発生します。約５年ごとの流行周期があります。

4 どんな人が感染しやすいのか

４歳から９歳までの感染者の報告が多く、次いで０歳から３歳に発生することの多い、小児に好発する病気です。少ないですが、成人でも感染者があり、関節炎が続くことがあります。

2_伝染性紅斑（リンゴ病）への対応

1 予防対策

伝染性紅斑は、発疹出現の前に飛沫感染を起こすため、発疹が出た人を休ませても感染の拡がりを防止できないなど、予防の難しい

病気です。

また、伝染性紅斑の流行している間の施設内では、妊婦の立ち入りなどを制限することも考えるなど、妊婦の感染を予防することは大切だと思われます。

2 伝染性紅斑のワクチンについて

伝染性紅斑にはワクチンはありません。

うつるのは潜伏期　リンゴ病に出席停止は意味なし

伝染性紅斑（リンゴ病）についてのお知らせ

伝染性紅斑（リンゴ病）は、頬がリンゴのように赤くなることから、リンゴ病とよばれます。ヒトパルボウイルスの感染によって起こる病気です。

リンゴ病とは

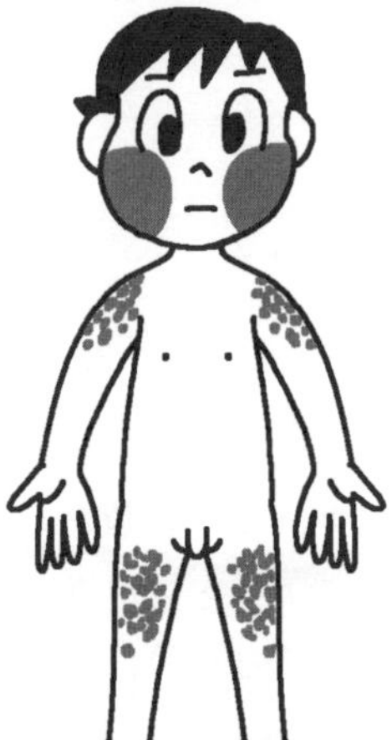

- 発疹が出るまでの潜伏期は 14 ～ 18 日です。
- 両頬が赤くなります。腕や太ももの部分に赤いレースのような発疹が広がります。1 週間くらいで消えます。発症したときにはすでに他の人にうつすことはありません。うつるのは潜伏期間です。
- 発疹は痒みを感じることがあります。
- 熱は出ないことがほとんどですが、微熱（37.5℃）程度や咳、喉の痛みがあることがあります。関節痛を訴えることもあり、痛みが強いときには受診します。
- ワクチンもありませんし、特異な治療もありません。
- 登校、登園は、子どもの全身状態が良いなら可能です。

！ 受診の目安

関節痛などが強いときは、診断のために医師の受診が必要です。

注意

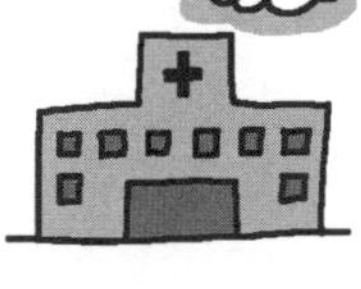

妊婦が発症すると流産や胎児水腫を起こすことがあります。妊婦は体調に注意し、もしも発症した場合には主治医に相談し、胎児の状態をよくみてもらう必要があります。

伝染性軟属腫（水いぼ）

【Molluscum contagiosum】

伝染性軟属腫ウイルスの感染によって、皮膚の表面にできる良性の腫瘍です。幼児によくみられます。何もしなくとも数か月から2年くらいで自然に治ることがほとんどです。しかし、自身の皮膚の表面で水いぼの数が増えたり、他の子どもにうつったりすることもあります。また、アトピー性皮膚炎の子どもでは、水いぼになりやすかったり、ひどくなりやすい傾向があります。

【伝染性軟属腫（水いぼ）】の法的な扱い

❶学校保健安全法

伝染性軟属腫（水いぼ）は、「学校において予防すべき感染症（学校感染症）」では、「その他」の感染症（第三種の感染症として扱う場合もある）で、出席停止などはありません。幼児や低学年の子どもでは、皮膚の触れる直接接触の機会も多いのですが、休ませる必要はありません。

❷感染症の予防及び感染症の患者に対する医療に関する法律

伝染性軟属腫（水いぼ）は、感染症の予防及び感染症の患者に対する医療に関する法律には指定されていません。

1_伝染性軟属腫（水いぼ）とは

❶ 病原体

原因となる病原体は、伝染性軟属腫ウイルスです。数か月から2年以内くらいで自然に治癒しますが、放っておくと数が増え、他者へ感染させることもあります。一度かかって治った後には、免疫ができているので、再び罹患することはありません。

❷ 伝染性軟属腫（水いぼ）の症状

1～5mm程度の半球状の白っぽい水疱のようないぼができます。いぼの中心にはへこみがあります。専用のピンセットで水いぼをつまんで除去すると、白いお粥状の内容物が出てきます。この中に伝染性軟属腫ウイルスが含まれています。

ときに痒みを訴えることもあります。擦れると水いぼが破れて感染が拡がりやすいため、腋の下やひじ、ひざの内側は数が増えやすい場所です。

治療については、表1のようなものがあり、保護者と医師で相談して選択をします。

特に注意したい年齢　3歳をピークに乳幼児がかかりやすい

0 1 **2 3 4 5 6** 7 8 9 10 11 12 13 14 15 16 17 18 19 20

①そのままにしておき、経過を観察する。
②治療する。医師と相談して、専用のピンセットで水いぼを取る。液体窒素や硝酸銀で水いぼを処置する。
③漢方薬を試す。

表1　伝染性軟属腫（水いぼ）の治療

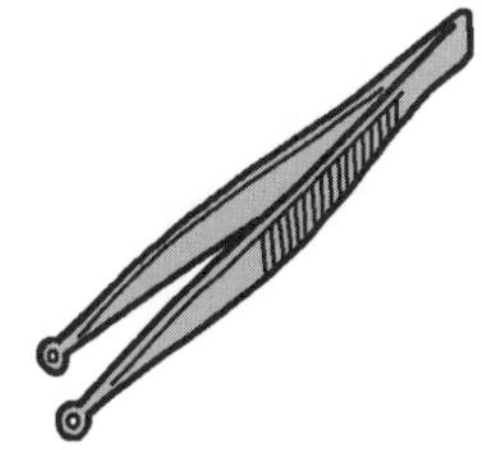

水いぼを取っても、その後、また出てくることもあります。また、すべてを取りきることは難しく、目立つものだけを除去して、小さな水いぼは残っていることもあります。このような対応をくり返している間にも、伝染性軟属腫ウイルスに対する免疫ができて、自然に治っていきます。

乾燥肌やアトピー性皮膚炎の子どもではひどくなりやすいので、広がらないうちに積極的に治療をします。皮膚科、小児科を受診します。日頃から保湿やスキンケアを心がけることが大切です。

3 感染経路

患者自身の皮膚で感染して水いぼが増える自家接種や、患部が他者の皮膚に触れることによる直接接触で人から人への感染が起こったりします。タオルやプールのビート板、浮き輪などの共用による間接的な接触でも伝播されます。そのため、これらの共用は避けます。プールの水は塩素消毒されており、水を介してうつることはありません。

水いぼを爪でひっかいたり指でいじったりすると、いぼの内容物に含まれる伝染性軟属腫ウイルスが手指に付着します。その指や爪で他の場所や他者に触ったりひっかいたりすることで感染が拡がることが多いと考えられます。皮膚表面の細かな傷からウイルスが侵入します。爪をきちんと切っておくことも大切です。

4 どんな人が感染しやすいのか

３歳をピークに幼児がかかりやすい病気です。

皮膚科医は早期の治療を勧め、小児科医は経過をみる傾向があります。幼稚園、保育所によっては、水泳や水遊びを過度に制限するところもあり、対応が難しいです。

2_伝染性軟属腫（水いぼ）への対応

1 予防対策

皮膚に触れることによる直接接触や、タオルやプールのビート板、浮き輪などの共用による間接的な接触も避けるようにします。

2 伝染性軟属腫（水いぼ）のワクチンについて

伝染性軟属腫（水いぼ）の予防ワクチンはありません。

伝染性軟属腫（水いぼ）についてのお知らせ

伝染性軟属腫（水いぼ）は、幼児期によくみられる疾患です。1～5mm程度で半球状に盛り上がった「いぼ」です。光沢があり白から淡紅色で水疱（水ぶくれ）のようにも見えます。かいたりしてつぶれると、白い粥状の内容物が出て、それが感染源となり、いぼが増えてしまいます。

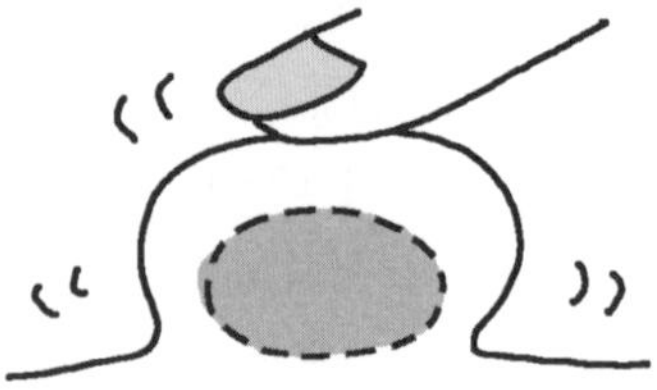

伝染性軟属腫（水いぼ）って、どんな病気？

伝染性軟属腫（水いぼ）は、伝染性軟属腫ウイルスの感染により、水ぶくれのような「いぼ」ができます。軽い痒みがあるので、かいてつぶれると中のウイルスが手指について、その指で触れることで感染が広がります。また、擦れると水いぼが破れて感染が周囲に広がるので、わきの下やひじ、ひざの裏側などは数が増えやすくなります。潜伏期間が２～７週間と長いので、どこでいつ感染したのかわかりにくい病気です。

数か月から２年以内ほどで自然に治りますが、その間にいぼの数が増えてしまったり、他の子どもに感染させてしまうことがあります。かきつぶして、伝染性膿痂疹（とびひ）を合併してしまうこともあり、また乾燥肌やアトピー性皮膚炎の子どもは症状がひどくなりやすいため注意が必要です。保湿やスキンケアを心がけることが大切です。皮膚バリアが未熟な乳幼児にうつさないようにも注意します。

学校保健安全法では「その他」の疾患で、出席停止はありません。しかし、放っておくと数が増えたり、幼児や低学年では皮膚が直接接触するような機会も多いことから、他の子どもへうつってしまうこともあります。

伝染性軟属腫（水いぼ）の治療は？

伝染性軟属腫の治療については、保護者が医師と相談して決めます。

○皮膚科を受診して、専用のピンセットで除去する。

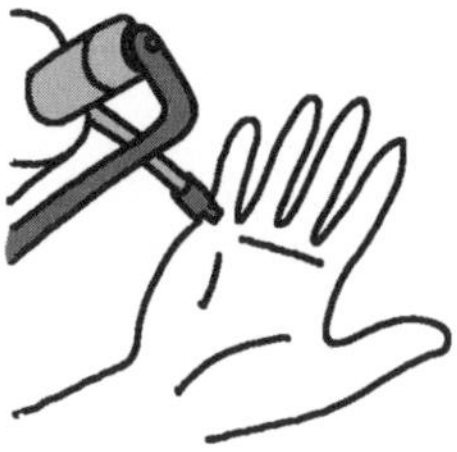

○液体窒素での冷凍凝固療法で処置する。

○漢方薬を試す。

○そのまま経過を観察する。

伝染性軟属腫（水いぼ）の予防は？

水遊びや集団で皮膚と皮膚が直接接触するような機会で、周囲の子どもにうつさないために以下のことに注意をしてください。

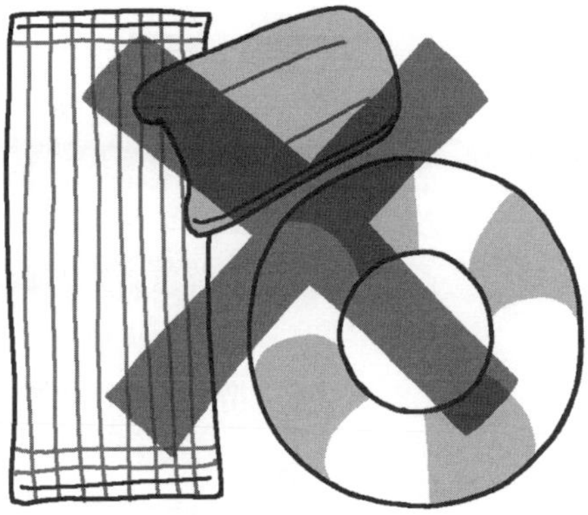

- ☑ 水いぼを衣類でおおう。
- ☑ 水いぼを包帯やガーゼでおおう。
- ☑ プールでは耐水性の絆創膏でおおう（塩素消毒がされているプールの水ではうつりません）。
- ☑ ビート板、浮き輪の共用をさける。
- ☑ タオルの共用をしない。
- ☑ 爪を切る。
- ☑ 接触感染の予防のため、手洗いをする。

※伝染性軟属腫（水いぼ）にワクチンはありません。一度かかって、治った後には免疫ができます。

伝染性膿痂疹（とびひ）

【Impetigo contagiosa】

皮膚の浅い部分に、主に黄色ブドウ球菌（またはレンサ球菌）という細菌が感染して、水ぶくれやかさぶたができ、それが飛び火のようにいろいろな場所へ広がっていく病気です。夏に子どもに多い病気で、大人にも感染します。

私たち
とびひちゃん
私たちが
いろんなところで
増えるんだよ

【伝染性膿痂疹（とびひ）】の法的な扱い

❶学校保健安全法
伝染性膿痂疹（とびひ）は、「学校において予防すべき感染症（学校感染症）」では、「その他」の感染症（第三種の感染症として扱う場合もある）です。通常、出席停止などの措置は不要ですが、「炎症の強いもの、広範なものについては、直接接触を避けるような指導が必要である」とされています。

❷感染症の予防及び感染症の患者に対する医療に関する法律
伝染性膿痂疹（とびひ）は、感染症の予防及び感染症の患者に対する医療に関する法律には指定されていません。

1_伝染性膿痂疹（とびひ）とは

❶ 病原体

原因は、黄色ブドウ球菌が９割を占めます。黄色ブドウ球菌は水疱性膿痂疹の原因菌で、表皮剥脱毒素が水疱をつくります。A群溶血性レンサ球菌は痂皮性膿痂疹をつくります。

黄色ブドウ球菌は、人の鼻や耳の穴、喉や皮膚にも常在菌でいます。健康な皮膚では感染を起こしませんが、傷などがあればそこで菌が増殖して、化膿したり、水疱や痂皮をつくります。

❷ 伝染性膿痂疹（とびひ）の症状

潜伏期は２〜10日ですが、傷の状態や感染した菌、菌数によって変わります。浅い皮膚の傷に黄色ブドウ球菌やレンサ球菌が感染を起こし、水疱や膿疱やかさぶたをつくります。水疱は破れやすく、その中には原因菌がたくさんいます。

治療方法は、水疱やそれが破れたあとを消毒したり、抗菌剤の塗り薬を塗ります。また、石けんでよく洗い、シャワーでよく流して、皮膚を清潔に保ちます。ひどい場合には抗菌剤の内服薬を用い、ガー

特に注意したい年齢　子どもが主だが成人にも感染

0 1 2 3 4 5 6 7 8 9 10 11 12 13 14 15 16 17 18 19 20

ぜや包帯で患部を覆い、登校、登園させます。

3 感染経路

虫刺されや軽い擦り傷、あせも、湿疹等をひっかいて、その部分に菌が感染し、産生される毒素によって水疱ができます。痒みを伴うので、それをまたひっかくことにより、菌を含んだ水疱内容物や分泌物が周囲に飛び散ったり指や爪の中に付着して、その手を介して、体の他の部分に感染が広がっていきます。このように接触でうつり、どんどん飛び火するように感染部位が広がるので、「とびひ」という別名でよばれます。正式な名称は伝染性膿痂疹です。

初夏から夏にかけて好発します。近年では暖房が完備されているためか、冬に患者が出ることもあります。

4 どんな人が感染しやすいのか

子どもが主な感染者ですが、大人も感染します。

2_伝染性膿痂疹（とびひ）への対応

1 予防対策

傷は速やかに治療を行います。また、普段から皮膚を清潔に保ち、爪も短く切ります。爪で、ひっかかないように注意します。

2 伝染性膿痂疹（とびひ）のワクチンについて

伝染性膿痂疹（とびひ）のワクチンはありません。

早めに治療をすると早く治りますが、治療を怠るとダラダラと膿痂疹が出続けます。ブドウ球菌が産生する表皮剥脱毒素により、水疱ができます。この毒素が血流で広く散布されると、ブドウ球菌性皮膚熱傷様症候群（SSSS）とよばれる状態になります。

伝染性膿痂疹（とびひ）についてのお知らせ

とびひは、虫さされや湿疹、あせもなどをかきむしってできた浅い小さな傷に、「黄色ブドウ球菌」や「レンサ球菌」などが感染して起こる病気です。水疱ができ、その水疱が破れて、皮膚のあちこちにうつって広がります。水疱や膿疱の中には、原因菌や毒素が多く入っており、ひっかいた手で他の場所を触ると、そこに原因菌が付着し、まさに、“飛び火”のように広がっていくことから、このような名前がつきました。

伝染性膿痂疹（とびひ）ってどんな病気？

とびひは、汗をかいてあせもができたり、虫さされが増える夏に流行しやすい病気です。幼稚園、保育所で集団発生のおそれもあり、アトピー性皮膚炎の人は痒みがあり湿疹をひっかくことが多いので、特にとびひにかかりやすいので注意してください。また、とびひにかかっている間に、発熱したり、症状が悪化するような場合は、合併症が疑われます。医療機関を早めに受診するようにしてください。溶連菌が原因のとびひでは、溶連菌から出る毒素が原因で、まれに腎障害になることもあります。

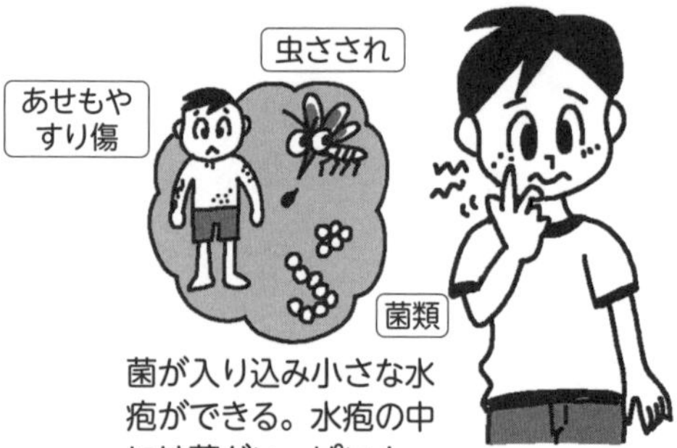

菌が入り込み小さな水疱ができる。水疱の中には菌がいっぱい！

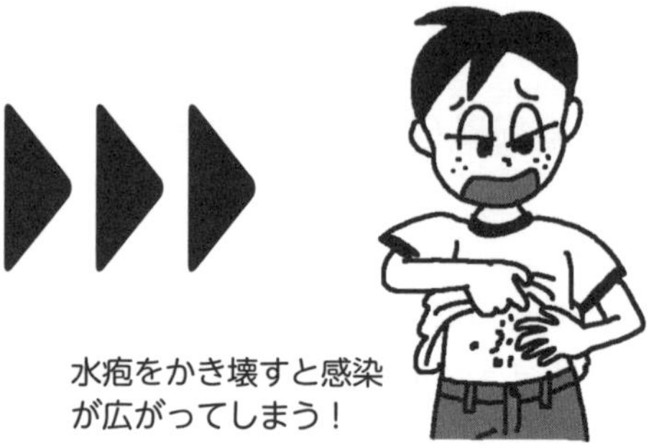

水疱をかき壊すと感染が広がってしまう！

伝染性膿痂疹（とびひ）の予防について

爪切りや手をよく洗う習慣をつけてください。

鼻の穴をいじった手で、傷を触らないようにしましょう。いじらないのが一番です。

アトピー性皮膚炎の人は、特にスキンケアを日ごろから気をつけるようにしてください。

伝染性膿痂疹（とびひ）になってしまったら…

早く治そう。これ以上広げないために！

タオルの共用はしない。

いじらない、ひっかかない。伸びた爪は切っておく。

じゅくじゅくした患部はガーゼなどでおおう。

とびひがひどいときには、プールなどは控える。

皮膚を清潔にする。石けんの泡でやさしく洗ってよく流す。

とびひが広範囲で全身状態が悪くなければ、登校、登園はできます。医師と相談してください。

お風呂につかっていいかは、医師と相談してください。

伝染性膿痂疹（とびひ）の治療について

とびひは、幼稚園や保育所で集団発生することもありますので、感染の拡大や症状をひどくしないためにも、医療機関を受診するようにしてください。医療機関を受診した場合には、原因菌に効く抗菌剤を用いた治療をします。痒みや炎症をおさえる薬もあります。

夏はとびひに気をつけよう

私たち黄色ブドウ球菌のとびひちゃん
子どもの皮膚の上で増えて「とびひ」っていう病気を起こします
普段、とびひちゃんは鼻の穴の中にいます
あらあら、鼻をほじるととびひちゃんが指についちゃうよ
夏は虫さされやあせもの季節
痒い痒いと、鼻をほじった指でひっかくと、皮膚の小さな傷でもとびひちゃんが入って増えちゃうよ

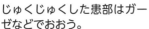

トリコフィトン・トンズランス菌感染症

近年、学校現場（特に中学校・高校）で“新型水虫”という名前を耳にします。医学用語ではありませんが、そのような名前でよばれる皮膚真菌症の頭部白癬や体部白癬の集団発生が報告されるようになっています。

白癬菌の一種であるトリコフィトン・トンズランス菌は、おそらくレスリングや柔道などの国際試合等で、海外から国内に入ってきたと考えられています。2000年頃から国際交流のある格闘技選手らの中で感染が目立ち始めました。今は一般の人にも拡がり、すでに国内に数万人の感染者がいるとみられます。従来の水虫とは異なり、頭部や首筋など上半身を中心に発症します。

トンズランスの語源はキリスト教の修道士が頭頂部を丸く剃る“トンズラ”で、この新型白癬菌の感染がひどくなると頭頂部が禿げることがあることからつきました。学校では武道が必修化されたこともあり、このトリコフィトン・トンズランス菌の皮膚感染症を取り上げます。

どんな病気？

白癬菌はヒトの皮膚の角質層・毛・爪などの蛋白質を食べて寄生します。トリコフィトン・トンズランス菌の症状は体部白癬（たむし・ぜにたむし）と頭部白癬（しらくも）に大別されます。初期はあまり目立たず、保護者や教員が見つけにくい傾向があります。

体部白癬

顔、首、上半身に小豆大から爪大に角質がフケのように剥がれてピンク色の発疹ができ、治ってくると赤く環を描いたような環状の発疹になります。早期治療が大切で、主に専門医（皮膚科）で処方された塗り薬での治療となります。

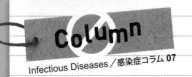

頭部白癬

症状が軽くカサブタができる程度から、頭皮が盛り上がって膿が出て、毛髪が脱毛するような場合もあります。症状が無い場合でも毛穴に入り、

白癬感染症

学校保健安全法
白癬、特にトンズランス感染症は、その他の感染症です。

家族や周囲の人へ感染させてしまうこともあります。皮膚科医師から処方された飲み薬での治療となります。

ブラシ培養検査というシャワーブラシで頭皮を強くブラッシングして培養し、菌の有無を確認する方法があります。菌が少量である場合には、専用の薬用シャンプーで対応できる場合もあります。しかし、この白癬菌は毛髪や皮膚に入り込むとなかなか駆除できず、根気強い治療を続けることが大切になります。トリコフィトン・トンズランス菌は他の白癬菌より皮膚へ侵入していくのに要する時間が短く、傷口からはより感染が成立しやすくなります。よって、次に示す予防対応を励行することが大切です。

治療・予防は？

○体の接触が主たる感染の原因と考えられますので、格闘技などの練習後は速やかにシャワーや入浴をし、頭髪や体を石けんで洗い流します。そのような設備がない場合には、水道で頭髪を洗ってよく流し、タオルを濡らして体もよくふき取ります。これを励行します。
○使用した運動着、柔道着は菌が付着しているものと考えて毎日洗濯して、よく乾かします。
○練習後には床に掃除機をかけ、スチームクリーナーの熱で除菌します（スチームクリーナーは、従来の白癬菌も除菌できるため、柔道部やレスリング部などは用意しておくことをお勧めします）。ロッカールームや部室などもこまめによく掃除します。
○タオル、運動着等の衣類、帽子、櫛などの貸し借りや共用は避けます。

大切なことは、症状が出た場合には、すぐに医療機関（皮膚科専門医）を受診して適切な治療を受けることです。特に体の直接接触の多いレスリングや柔道等では練習前後に皮膚の状態をチェックし、症状があれば休ませ、医療機関を受診させるなどの対応をルーチン化する必要があります。

トリコフィトン・トンズランス菌感染症についてのお知らせ

※白癬菌の一種で、マスメディアでは新型水虫とよばれることもあります。

主に中学生、高校生、大学生の格闘技（柔道、相撲、レスリング等）を行う選手に感染者が多く出ています。頭部や肌を直接接触させることで、この白癬菌の一種であるトリコフィトン・トンズランス菌が感染伝播して蔓延していると考えられます。クラブ内で一人でも感染が見つかったら、その集団全員で検査を受け、早い治療の開始が必要です。

トリコフィトン・トンズランス菌感染症の症状について

●頭部白癬●

カサブタができたり、黒い点状の菌の集塊が見られ、重症例では毛髪が抜けるケルスス禿瘡《とくそう》となることもあります。

●体部白癬●

脇の下、陰部、股間の紅斑。顔、首、上半身にピンク色の発疹ができ、治ってくると赤い環を描いたような環状発疹になります。

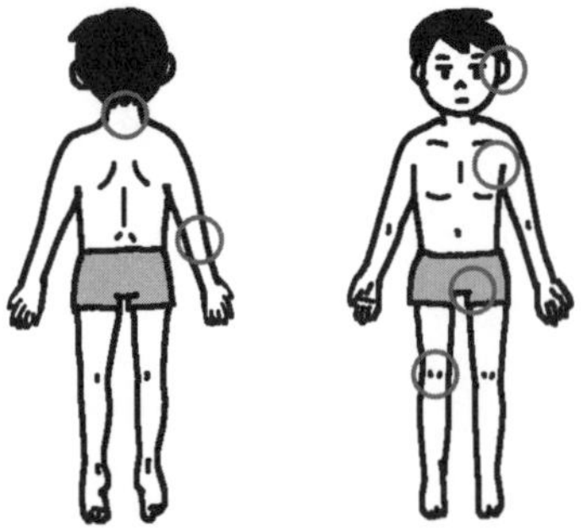

トリコフィトン・トンズランス菌感染症の治療について

トリコフィトン・トンズランス菌の感染が判明したら、練習を休ませ早期の検査と治療で、早く回復、復帰できるようにします。治療は抗菌薬の塗り薬や服用です。

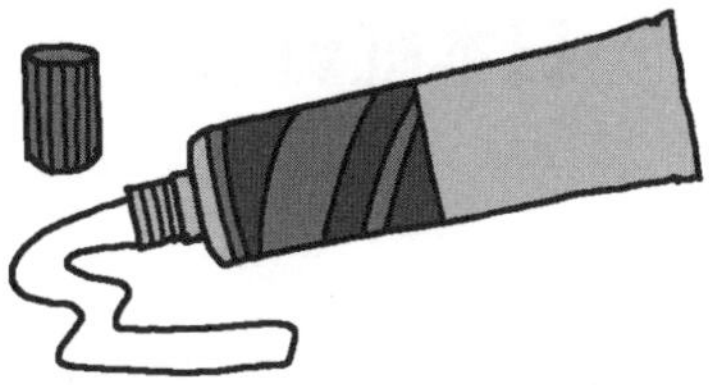

トリコフィトン・トンズランス菌感染症の予防について

- ☑ 練習後はできるだけ早く入浴、シャワーで体、頭を石けんやシャンプーでよく洗い、流す。

- ☑ シャワーがない場合は、水道の蛇口下で頭を洗い、タオルで濡らして体を清拭する。

- ☑ 使用した運動着、柔道着は毎日洗濯し、よく乾かす。
- ☑ 道場、体育館、マット、ロッカールーム、部室は念入りに清掃する。
- ☑ タオル、運動着や衣類、帽子、くしは共用しない。
- ☑ 練習場は定期的にスチームクリーナーをかけ、熱で除菌する。

出席について

出席停止はありません。接触の多い格闘技などの練習、試合は感染のおそれのなくなるまで休ませます。

大切なこと

皮膚に症状がないか練習後にチェックしましょう。症状が出たらすぐに皮膚科専門医を受診してください。早く見つけ、早く治療して、練習や試合に復帰しましょう。

武道が必修になっていますので、指導者や保護者の方にもご協力をお願いします。

Column

Infectious Diseases／感染症コラム 08

日本紅斑熱

日本紅斑熱は、病原体のリケッチア・ヤポニカという細胞寄生性の細菌をもったマダニ類に咬まれることで、人が感染します。1984年に徳島県で農作業をしていた女性が感染・発症、その主治医（馬原文彦医師）によって初めて臨床例が報告され、「日本紅斑熱」と命名されました。発見当初は希少感染症と考えられていましたが、2014年には200例を超え、2016年には276人の患者が発生し、３名が死亡しています。青森県などの東北地方から九州、沖縄県まで広い地域で患者発生の報告があります。しかし、日本紅斑熱と診断されず、報告されていない場合もあると考えられます。近年の重症例や死亡例から、日本紅斑熱は決して軽症の疾患ではなく、診断・治療が遅れれば生命に関わることもあり、学校での野外活動もあることから予防・注意すべき感染症です。

どんな病気？

日本紅斑熱は、マダニに咬まれた後２～10日の潜伏期をへて、頭痛、発熱、悪寒戦慄で急激に発症します。高熱、発疹、刺し口が日本紅斑熱の３徴候です。急性期には39～40℃の弛張熱（１日の間に熱が１℃以上も上がったり下がったりする）となり、重症例では40℃以上の高熱が続きます。発疹は、高熱とともに手足、手掌（てのひら）、顔面から全身に米粒大から小豆大の不定形の赤い発疹（紅斑）が多数出ますが、痒みを伴いません。マダニの刺し口は、５～10㎜の赤く丸い硬結で中心部は黒い痂皮（かさぶた）や潰瘍となっています。重症化すると播種性血管内凝固症候群や多臓器不全に進行することがあります。そのため、早期の診断・治療開始が大切です。まずは、マダニに咬まれないように対策を取り、咬まれた場合には潜伏期の10日間は毎日体温を計り、体調も記録します。もしも、症状が出た場合には速やかに医療機関を受診し、マダニに咬まれたことを医師にきちんと伝えます。

日本紅斑熱

感染症の予防及び感染症の患者に対する医療に関する法律
四類感染症に指定され、診断した医師により保健所に全数が届出されます。

治療・予防は？

テトラサイクリン系抗菌薬、ドキシサイクリン、ミノマイシンが効きます。一般的に熱性疾患に使われるペニシリン系、セフェム系、アミノグリコシド系薬剤は全く無効です。早期の診断と適切な投薬が極めて大事であるため、日本紅斑熱を発見し、重症・死亡例を診てきた馬原文彦医師は「本症を臨床的に診断した場合、テトラサイクリンを第一選択とするが、1日の最高体温が39℃以上の症例ではテトラサイクリン系薬とニューキノロン系薬による併用療法を行う」こととしています。

「マダニ対策のお願い」(p.134)、「マダニに咬まれたら2週間（14日間)、朝夕に熱を測りましょう」(p.135) もご参照ください。

ぼくはダーニー
こうやって葉っぱの上で
待ち伏せして
体にくっつくんだよ

Column

Infectious Diseases／感染症コラム 09

重症熱性血小板減少症候群
―マダニが媒介する病気―

重症熱性血小板減少症候群の法的な扱いについて

感染症の予防及び感染症の患者に対する医療に関する法律
四類感染症に指定されています。

重症熱性血小板減少症候群（SFTS）は、2011年以降に主に中国から発生が報告されるようになったマダニが媒介する病気です。発熱と消化器症状を呈し、重症化して死亡することもあります。2012年秋に日本でも海外渡航歴のない成人がこの病気となり、この患者から、SFTSウイルスが分離されています。以降も西日本を中心に複数の患者が発生し（2017年３月まで、229人の患者が報告。内53人死亡)、原因ウイルスは日本に土着したウイルスでした。2013年３月、SFTSは感染症法で四類感染症に指定され、全数が把握されることになりました。遠足や林間学校、その他において、草原や野山などマダニの生息する地域での野外活動では、マダニに咬まれるリスクがあります。マダニが媒介する重症熱性血小板減少症候群の報告が日本でも増えていることから、その病気の感染ルートと感染予防対策について説明します。

どんな病気？

ブニヤウイルス科フレボウイルス属で、新規に分離されたSFTSウイルスが原因となります。このウイルスをもっているマダニに咬まれることによって、人はSFTSウイルスに感染します。日本で分離されたSFTSウイルスは、中国から報告されているウイルスと遺伝子レベルで少し異なっていました。日本での患者は、以前から我が国に土着しているSFTSウイルスに感染して発症したと考えられています。すべてのマダニがSFTSウイルスを保有しているわけではありません。日本国内のマダニでは、フタトゲチマダニ、タカサゴキララマダニの他、複数のマダニ種からSFTSウイルスの遺伝子が検出されています。これらのマダニは春から秋にかけて活発に活動するので、この時期に感染患者が発生しています。

感染後の潜伏期間は、6日から2週間程度です。発熱、食欲の低下や吐き気、嘔吐、腹痛や下痢などが主な症状です。ときに、頭痛や筋肉痛、意識障害、痙攣、昏睡などの神経症状、出血症状が出ることもあり、血小板減少、白血球減少等がみられます。日本での致死率は2割～3割です。

治療・予防は？

SFTSウイルスに対して、新しい抗インフルエンザ薬による臨床試験やワクチン開発が進行中です。マダニに咬まれたら早めに医療機関を受診しましょう。草原や野山、草の茂った場所への立ち入りには、肌の露出を少なくし、マダニの忌避する防虫スプレー等を使用して、マダニに咬まれないような対策を取ることが大切です。なお、ペット（ネコ、イヌ）を介しての感染も報告されているのでペットのマダニ対策にも注意しましょう。マダニは、人や動物の皮膚に長い間、しっかりと取りついて吸血します。無理やりマダニを引き抜こうとすると口器の一部が皮膚に刺さったまま残ってしまうことがあります。皮膚科を受診して、除去や消毒等の処置をしてもらうことが基本です。ワセリンでマダニを窒息させて除去する方法もあります。

マダニ

野外活動ではマダニに咬まれない対策がまず大事。
虫よけ
もしも咬まれたら、第一番は皮膚科に。
どうしても皮膚科に行けないときは…。
まずはガーゼや布で払ってみる（無理に引きちぎらない）ダニ刺咬から短時間であれば取れることがあります。
取れなければワセリンを塗布して30分おきガーゼで拭い取る。これでも取れなければ医療機関へ。
2週間は様子をみて、もしも熱が出たら…。
マダニに咬まれたんです。
○月○日に野原で
マダニは申告が大事！

マダニ対策のお願い

マダニは家の近くの裏庭や畑、農道などにいることもあります。草原や野山なども要注意です。危険のある場所に近づくときには、マダニに刺されないように服装などで対策をしておきましょう。

マダニに刺されないための対策

☑ 裾や袖口をふさぐ

ポイントは裾や袖口をふさぐことです。ハイキングや林間学校での服装には十分注意をしてください。

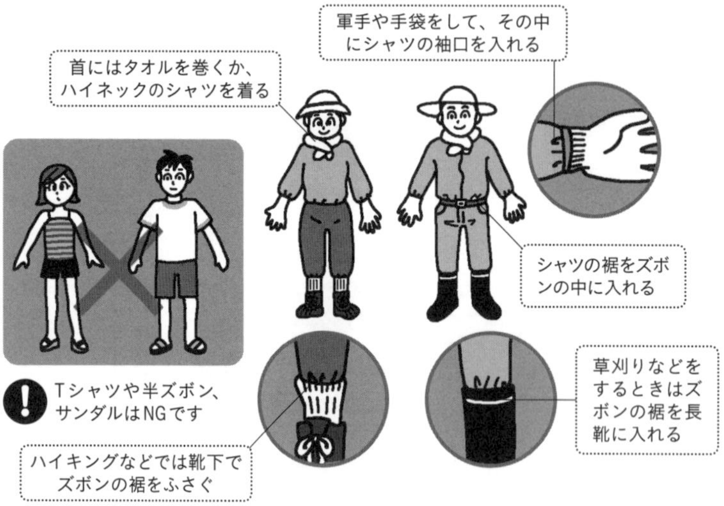
首にはタオルを巻くか、ハイネックのシャツを着る
軍手や手袋をして、その中にシャツの袖口を入れる
シャツの裾をズボンの中に入れる
Tシャツや半ズボン、サンダルはNGです
ハイキングなどでは靴下でズボンの裾をふさぐ
草刈りなどをするときはズボンの裾を長靴に入れる

☑ 明るい色の服装をする

マダニがついていても気づきやすいです。

もし服についていたらガムテープ等を使って取り除きましょう。

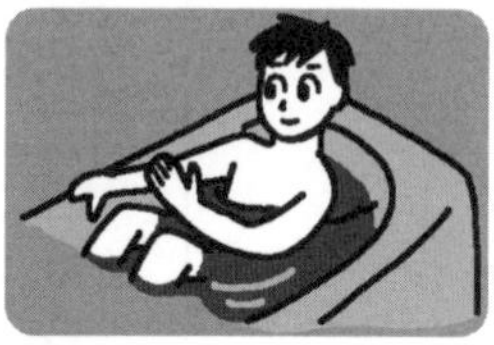

屋外活動の後は、お風呂に入ったとき、ダニがついていないか確認しましょう。

☑ マダニの嫌いなスプレーを用意

ダニ生息地域と考えられる草叢や林に入る際は、ツツガムシ・ダニ用の忌避剤（イカリジン、DEET）などの虫よけスプレーを使用いましょう。

忌避剤の使用で付着するマダニの数は減りますが、完全に防げるわけではありません。過信は禁物。服装での対策などもしっかりとしてください。

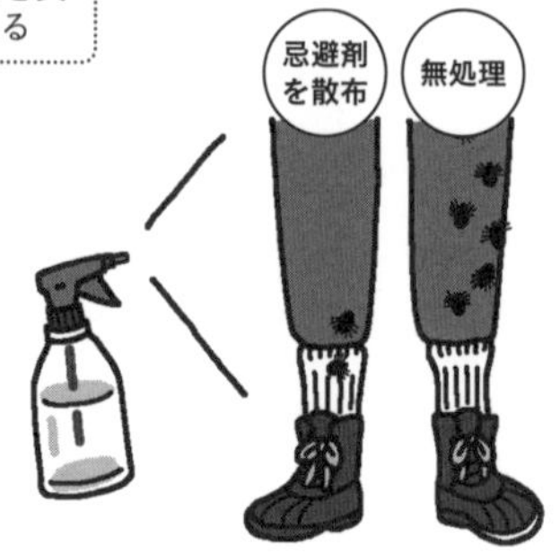
忌避剤を散布
無処理

マダニにかまれた!
でも待って！ 無理して引き抜くと口器が残って、そこが化膿することもあります。
皮膚科で取って消毒してもらうことが基本です。
でも、それがすぐに出来ない場合は…。
白色ワセリンをマダニを覆うように塗り込めます。そのまま様子をみましょう。
30分くらいおいてガーゼや布で拭き取る。
息ができなくなったマダニは簡単に取れることもあります。

マダニに咬まれてから1～2週間、体温を測り、熱が出るようなら直ちに医療機関へ!

マダニに咬まれたら２週間（14日間）、朝夕に熱を測りましょう

マダニに咬まれたら、１〜２週間、朝夕に体温を測ります。以下の表に記入して医療機関へ持参し、マダニに咬まれたことを医師に伝えてください。

名前：　　　　　　　　　　　　　　　　　　　　　　体重　　　　kg

ダニに咬まれた日 月 日	第　日		第　日		第　日		第　日		第　日		第　日		第　日	
体温	朝	夕	朝	夕	朝	夕	朝	夕	朝	夕	朝	夕	朝	夕
40														
39														
38														
37														
36														
35														

名前：　　　　　　　　　　　　　　　　　　　　　　体重　　　　kg

ダニに咬まれた日 月 日	第　日		第　日		第　日		第　日		第　日		第　日		第　日	
体温	朝	夕	朝	夕	朝	夕	朝	夕	朝	夕	朝	夕	朝	夕
40														
39														
38														
37														
36														
35														

感染症FILE_20　▶▶▶学校保健安全法での分類：**その他**の感染症

ノロウイルス感染症（感染性胃腸炎）

【Norovirus infection】

私ノロちゃん
吐しゃ物をしっかり処理しないと感染源になるよ

ノロウイルスは、人に対して嘔吐や下痢などの急性の胃腸炎の症状を起こします。学校や社会福祉施設などでの集団感染の報告も多く、冬季をピークに発生する注意すべき疾患です。感染性胃腸炎とは、主にウイルスなどを原因とする胃腸炎の総称ですが、ここでは特にノロウイルスについて説明をします。

【感染性胃腸炎】の法的な扱い

❶学校保健安全法

感染性胃腸炎（ノロウイルス、ロタウイルスの感染症など）は、「学校において予防すべき感染症（学校感染症）」では、「その他」の感染症（第三種の感染症として扱う場合もある）です。症状の出ている期間だけでなく、回復後も原因ウイルスが便中に出てくるため、治った後にも手洗いの指導が必要となります。下痢や嘔吐などの症状が治まり、全身状態の良い子どもは登校、登園が可能です。

❷感染症の予防及び感染症の患者に対する医療に関する法律

感染性胃腸炎は、五類感染症で、全国約 3000 か所の小児科定点医療機関から週ごとに発生報告が届け出されます。一方、食品衛生法においては、食中毒として疑われるような場合には 24 時間以内に最寄りの保健所に届け出ることになっています。

1_ ノロウイルス感染症とは

❶ 病原体

ノロウイルスは小型球形ウイルスで、カリシウイルス科に属します。カリシとはラテン語でコップを意味しますが、電子顕微鏡像でノロウイルス粒子の表面にコップのような窪みが観察されたことからそう命名されました。ノロウイルスは人以外の動物での感染が認められず（つまり、動物の感染実験モデルができません）、またウイルスを培養して増やす技術も開発されていないため、薬やワクチンなども開発中ですが実用化されていません。

❷ ノロウイルスの症状

ノロウイルスの潜伏期は、12〜48時間です。潜伏期をへて、吐き気、嘔吐、下痢を主な症状として発症しますが、腹痛、頭痛、発熱を伴うこともあります。通常の場合には数日で軽快しますが、乳幼児や高齢者などの場合には脱水や嘔吐物による窒息などもあり、注意が必要です。吐き気があって、なおかつ横になる場合には、体を横向きにして寝かせ、嘔吐物を詰まらせないように注意をします。

病原診断は、ウイルスの遺伝子ゲノムによるRT－PCR法が開発され、研究所や行政機関による食中毒などの原因究明のために行われます。通常の診療ではイムノクロマト法を使った迅速診断キットも開発されています。

嘔吐の症状がおさまったら少しずつ水分を補給し、安静にして、消化のよい食事をとるようにします。体力を消耗せずに水分と栄養を補給します。脱水がひどい場合には、医療機関で輸液を行うこともあります。

学校や幼稚園、保育所、高齢者施設などで集団で発生した場合には、感染の拡がりをできる限り早く止めるため、速やかに最寄りの保健所に届けます。

3 感染経路

ノロウイルスの感染経路は、主に経口感染、接触感染、飛沫感染・塵埃感染、食品媒介感染（食中毒）が考えられます。また、ノロウイルスは、少ない数のウイルスで感染する感染力の強いウイルスです。さらに、感染者が症状のある時期に加え、回復してからも２週間程度は糞便に感染性のウイルスが排泄されます。

流行が起こりやすい時期については、冬季をピークに流行しますが、一年を通じて発生はあります。以下では、具体的なノロウイルスの感染経路別に説明します。

ノロウイルスは少ない数のウイルスでも感染が成立するので、手を介して口に運ばれて、ノロウイルス感染が拡がることがあります。給食当番の子どもの手を介してクラスでノロウイルスが流行した事例もあります。

(1) 感染した人の便や嘔吐物に触れた手でノロウイルスが口に入った場合

感染者の糞便１g中には１億個、嘔吐物１g中には100万個のノロウイルスがいるのに対し、数十個のノロウイルスで人への感染が成立します。感染者の下痢便などの排泄物や嘔吐物は、最も感染の危険のあるものとして注意が必要です。介護や世話をした人が、患者の便や嘔吐物などに触れることによって感染する、人から人への感染もあります。このように、汚染物に触れた手を介して、その手で口に触れたり、また食品に触ってノロウイルスが付着し、それを食べるなどしたことでも感染します。

（2）感染者の便や嘔吐物の埃や塵を吸い込んだ場合

感染者の吐しゃ物の消毒や除去処理が不完全であったために、埃となって周囲に散らばる塵埃汚染やそれらを吸い取った掃除機の排気口から空中にウイルスが舞って空間を汚染した結果、それを人が吸い込んで感染した事例もあります。

（3）感染した人が不十分な手洗いのままに触った食品を食べた場合

給食などの食品に携わる人、もしくは給食の当番にあたる子どもなど学校給食の場面の不十分な手洗いによって、感染が拡大するおそれがあります。手洗いなどの衛生管理は重要です。

（4）不十分な加熱で汚染された二枚貝などの食品を食べた場合

ノロウイルスは、胃液（pH 3程度）でも不活化されません。水道水程度の低い濃度の塩素には抵抗性を示し、下水に出たノロウイルスは、汚水処理場での浄化処理後も、その一部は不活化されずに河川から海に到達します。そして、二枚貝の中腸腺に濃縮され、その二枚貝を十分に加熱せずに食することで、人が感染します。口に入ると胃液を通過して小腸で増殖し、胃腸炎症状を起こすことになります。

2_ノロウイルス感染症への対応

1 予防対策

感染者が下痢や嘔吐をしたトイレはノロウイルスに高度に汚染されているため、清掃、消毒によるウイルスの除去が必要です。消毒用のアルコールではなく、次亜塩素酸ナトリウム（塩素系漂白剤）で消毒します。消毒の仕方や吐しゃ物の処理の仕方は、イラスト入り解説を参照してください（p.141）。

また、水洗トイレで下痢便や嘔吐物を流す場合には、蓋を閉めてから流すようにします。水流によって、ウイルスが巻き上げられて飛散したり、トイレの周囲の空間に漂うことを防ぐためです。換気も十分に行い、漂ったウイルスを吸い込むことを防ぎます。

トイレのドアノブや水道の蛇口など、ウイルスが付着している可能性がありますから、手洗いをしっかりします。感染者だけでなく、すべての子どもたちに手洗いの励行を指導します。ノロウイルスは回復した後も２週間程度、ウイルスが便中に排泄されますから、油断は禁物です。なお、糞口感染するウイルスですので、給食などの食品に携わる人は、特に手洗いなどの衛生管理が重要です。給食の当番にあたる子どもにも手洗いを十分にさせます。

食品による感染を防ぐため、ウイルスの不活化を目的に85～90℃で90秒以上加熱することが必要となります。また、ウイルスで汚染されているおそれのある二枚貝を触った手で、野菜サラダなどを調理することも危険です。手洗いを励行するとともに調理の順番を考えましょう。使用した包丁やまな板なども熱湯に浸して、除菌するようにしてください。

2 ノロウイルスのワクチンについて

ノロウイルス感染に対する予防ワクチンは開発中ですがまだありません。ノロウイルスに直接効く薬もないため、症状に対する対症療法になります。

ノロウイルス感染症　給食当番はしっかり手洗いを

ノロウイルス感染症についてのお知らせ

ノロウイルス感染症は、ノロウイルスが人に感染し嘔吐や下痢などの症状を引き起こす病気です。学校や幼稚園、保育所などで集団感染を起こします。

原因となるノロウイルスは、感染者の下痢便や嘔吐物に含まれています。気づかないうちにそれらの吐しゃ物からウイルスが手に付着し、その手で口を触ったり、食品を口に運んだりして、ノロウイルスに感染することもあります。ノロウイルスには、予防ワクチンも特効薬もありません。まず、かからないように（ノロウイルスが口に入らないように）することが大切です。

ノロウイルスはどうやってうつるの？

人から人への感染

- 感染者の便や嘔吐物に含まれたウイルスが気づかないうちに手に付着し口に入る。
- ウイルスを含む便や嘔吐物が埃や塵となり、それを吸い込む。

食中毒としての感染

- ウイルスが蓄積した二枚貝などを不十分な加熱で食べる。
- 感染者が（手にウイルスを付着させたまま）調理等をして汚染された食品を食べる。

ノロウイルス感染症の予防について

予防には、まずは手洗いをきちんとすることが大切です。ノロウイルスは感染してから、下痢が止まった後も2～3週間くらいは便の中にウイルスが排泄されます。トイレの後や食事の前は特に気をつけましょう。

予防の基本は手洗いです。正しい方法で行ってください。

❶ 手のひらで石けんを泡立てます。

❷ 手のこうも、こすって洗います。

❸ 指を一本ずつていねいに洗います。

❹ 両手をもむようにして指の間を洗います。

❺ 爪を手にこすりつけるように洗います。

❻ 手首を片方ずつ洗います。

❼ 石けんが残らないように、しっかり洗い流します。

❽ 清潔なタオルやハンカチで水分をしっかりふき取ります。

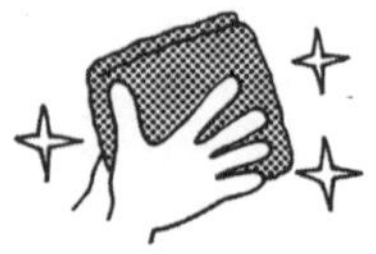

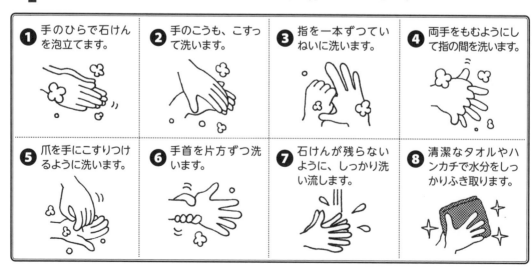

嘔吐物などの掃除のしかた

※ノロウイルスには消毒用のアルコールでは不十分です。

❶

エプロンなどを着て、使い捨て手袋とマスクを着用する。

❷

紙や新聞紙などで嘔吐物全体を広めにおおう。

❸

まんべんなく塩素系漂白剤や二酸化塩素の液剤をひたす。

❹

嘔吐物は、おおった紙ごと静かに汚れを包み取る。

❺

跡をふき取り、薄めた塩素系漂白剤や二酸化塩素の液剤でふき、最後に水ぶきする。

❻

ふき取った嘔吐物や、処理に使った紙、手袋などはビニール袋に入れ密閉して捨てる。

❗ 塩素系漂白剤（次亜塩素酸ナトリウム）は0.1%に薄めてふき取りに使用します。

0.1%次亜塩素酸ナトリウムの作り方

1%原液の場合 原液 330㎖を水３ℓに入れる。

市販されている次亜塩素酸ナトリウムは、濃度が１%～12%とさまざまです。濃度に合わせて作ってください。なお、ペットボトルを利用して作ると便利です。ボトルのキャップが１杯約５㎖ですので、必要量を作ってみましょう。ペットボトルは飲料水と間違われないように注意‼

ノロウイルスにかかったら…

✚ 看護方法について

- 吐いたものが喉につまらないように、気をつけます。吐きそうになったら、起きあがるか、横向きになって、吐かせるようにしてください。
- トイレは我慢させないようにしてください。
- 吐いたものや便の漏れなどは、速やかに薄めた塩素系漂白剤などを使用して処理してください。

吐き気があるときは
横を向いて寝よう

✚ 看護の注意点

感染者の吐しゃ物などの中にはノロウイルスが大量に存在しています。きちんと消毒しながら、除去しましょう。また、カーペットに残っていたノロウイルスが掃除機の排気で拡散して感染源になった例もあり注意が必要です。

ゴホ
ゴホ

梅毒

梅毒は、梅毒トレポネーマという細菌の性感染症で、感染者の皮膚や粘膜と直接接触することで感染します。性風俗と関わっていたことから、昔は花柳病ともよばれ“感染すると廃人になる”と言われました。

秦佐八郎氏のサルバルサンやペニシリンの抗生物質の開発で、適切に治療すれば治る病となり、患者は激減しましたが、近年、日本で感染者が激増、注意喚起が急務な身近な感染症となっています。

どんな病気？

梅毒は慢性感染症で早期発見、早期治療開始がポイントです。抗菌剤で完治しますが、治療を中断したり放置したりすると、脳や心臓に重篤な合併症が起こり、死に至ることもあります。また、症状が多彩で、無症状の期間もあるため「治った」と勘違いする人もいますが、この間も体内で病原体が増え続け、この無症候性の感染者からも感染します。本人も感染を気づかず、知らずに感染を拡げやすく、また、治療が遅れることで重症化や治療の長期化につながる恐れもあります。

感染経路は？

一回の性的な接触で梅毒に感染する割合は約３割と非常に高く、コンドームを使用することで感染を減らすことができますが、完全ではありません。オーラルセックスでは喉の咽頭部に感染します。口に病変があれば、キスでも感染します。また、梅毒で潰瘍ができているとＨＩＶなどの他の性感染症も感染しやすくなります。

妊婦の梅毒感染は、胎児に感染して、生まれながらに先天性梅毒となる危険性もあります。今、国内で20代前半の女性に感染者が激増しているので、先天性梅毒の発生も今後、心配されます。梅毒の検査は一般の医療機関や保健所でも受けられます。不安があるならば、ぜひ検査を受けてください。現在は、梅毒感染者が急増してい

梅毒

感染症の予防及び感染症の患者に対する医療に関する法律
梅毒は、五類感染症に指定されています。

る異常な事態です。梅毒は感染力が強いので、早期発見、すぐに治療を開始し、慢性感染を阻止することが肝心です。

性風俗と深く関わる感染症だったため、昔は花柳病とよばれました。今、日本でふたたび激増しています。
検査してみないと感染しているかわかりません。梅毒は早期発見・早期治療で治すことができます。ぜひ検査を受けてください。

破傷風

破傷風は日本でも近年、年間約120人の患者が出ています。さまざまな治療法がなされるようになった現在でも、適切な治療が遅れると、激しい痙攣から呼吸筋麻痺により窒息死に到ることもあり、その致死率は３割にも上ります。これらの患者の95％以上が40歳以上の成人です。30歳代でも発生しています。ほとんどの子どもは、国の定期予防接種によって破傷風トキソイドのワクチンによる免疫をもっていますが、約50歳以上の成人（2018年現在）ではケガなどの特別な事由がない限りには、同ワクチンの接種を受けていません。本コラムは、教職員の方々に向けて、破傷風のリスクを説明し、今からでもできる破傷風の予防についてご理解を得るために設けました。

どんな病気？

原因となる病原体は、嫌気性菌の破傷風菌です。酸素存在下では生育できない嫌気性菌で、通常は芽胞の状態で、世界中の土壌中に広く存在します。そのため、破傷風菌に完全に接触しないで日常生活を送ることはできず、誰でも感染のリスクがあります。

破傷風菌は芽胞の形で土の中に常在し、傷から体内に侵入、その部位で出芽して増殖し、菌は破傷風毒素（神経毒素など）を産生します。その毒素が神経伝達回路を阻害、遮断して、強い痙攣や破傷風の主症状を引き起こします。農作業やガーデニングなどでのケガや転倒、事故などでの傷から感染の危険性があります。破傷風患者の２割強で、侵入部位が特定できていないことから、些細な傷からの感染が起こることも想定されます。

症状が出るまでの潜伏期間は３〜21日で平均は10日程度です。人から人への感染はありません。症状は、下顎や首の筋肉の硬直や痙攣から始まり、顔が歪んだり、舌がもつれるなどから、開口障害となります。そして、発語障害、痙笑、嚥下障害、歩行障害から強直性痙攣となります。致命率は30〜40％です。できる限り早く、傷の洗浄や抗菌薬、ヒト破傷風免疫グロブリン等での治療開始が必要です。破傷風にかかって治っても、十分な免疫はできないので、ワクチンを接種して免疫を獲得することが大切です。人から人への感染はありません。

破傷風の法的な扱いについて

感染症の予防及び感染症の患者に対する医療に関する法律
五類感染症で全数把握疾患です。診断した医師は保健所に届け出ます。

治療・予防は？

破傷風トキソイドワクチンがあります。現在の予防接種法では、生後3か月から90か月未満に4種混合DPT-IPV（ジフテリア、破傷風、百日咳、不活化ポリオ）ワクチンを4回接種し、2種混合DT（ジフテリア、破傷風）ワクチンを11歳以上13歳未満に1回接種し、合計5回の接種を勧奨しています。日本で40歳以下の人に破傷風の患者が少ないのは、このワクチン免疫が残っているからだと考えられます。

日本では1952年に破傷風トキソイドワクチンが導入されましたが、1968年にDPTワクチンが小児への定期接種となっています。このため、1968年以前に生まれた人は事故によるケガなどの特別な事由がない限りは、破傷風トキソイドワクチンが未接種です。また、1975〜1981年にはDPTワクチンの接種が一時中止され、1981年生まれ以前の世代にも接種していない人がいると考えられます。

このような未接種の成人の破傷風トキソイドワクチンの接種は、沈降破傷風トキソイドワクチンを4〜8週間間隔で2回接種した後に6〜18か月の間隔をおいて、1回の追加接種をすることが勧められます。さらに10年ごとに追加接種を行えば、破傷風菌に対する防御抗体レベルを維持できると考えられます。

また、定期接種で乳幼児期と学童期でDPTワクチンやDTワクチンを接種した方々は、10年毎のワクチン追加接種が勧められます。少なくとも40歳、60歳前後で追加接種を行って、破傷風を予防することが必要です。

東日本大震災では、津波での受傷、避難のときに切創、摩擦傷などを受けて、破傷風を発症した報告が10例ありました（このうち2例は明らかな外傷はなし）。このような災害時には医療が限られ、ワクチンや治療薬などの入手も困難となります。平時からの破傷風トキソイドワクチンでの予防が大切です。

破傷風では後弓反張という全身性の筋硬直が起こります。

百日咳

【Pertussis】

コンコンと激しく咳込んだ後、笛を吹くようなヒューという音で息を吸う症状がみられ、この苦しい咳嗽発作が日に何度もくり返されます。百日咳とよばれる通り、頑固な咳が長く続くつらい病気です。百日咳は、小児を中心に患者が発生し、周囲に感染を拡げやすい疾患です。定期接種にある百日咳の予防ワクチン接種をきちんと済ませているか、学校や幼稚園、保育所で普段から確認しておくことも大切です。

【百日咳】の法的な扱い

❶学校保健安全法

百日咳は、「学校において予防すべき感染症（学校感染症）」では、「第二種」の感染症です。感染期間は咳が出始めてから、4週目位までです。百日咳の特有の咳が消失するまで出席停止となります。しかし、適切な抗菌剤の5日間の服用で感染力が著しく低下するので、その後には登校可能となります。抗菌剤の5日間の服用中は登校、登園を控えます。

❷感染症の予防及び感染症の患者に対する医療に関する法律

百日咳は五類感染症で、全数が診断した医師から直ちに最寄りの保健所に届け出されます。

1_百日咳とは

1 病原体

原因となる病原体は百日咳菌です。また、パラ百日咳菌も原因となります。百日咳菌は百日咳毒素を産生し、それが特有な咳の原因になっていると考えられています。

2 百日咳の症状

感染後の潜伏期間は通常7～10日間（5～21日）です。症状は、咳、くしゃみ、鼻水などのかぜ様症状と微熱が出て、次第に咳の回数が増加します。短い間隔で連続した咳が出て、続いて息を吸うときにヒューという笛の音のような音がし、このような激しい咳嗽発作をくり返します。咳がひどいために、しばしば嘔吐を伴い、顔面の静脈圧が上昇して顔面浮腫となったり、点状出血、眼球結膜出血、鼻血が出ることもあります。肺炎、鼻出血、結膜出血はよく起こる合併症です。

また、新生児や乳児では痙攣、脳症、激しい咳の後の脳出血や、

特に注意したい年齢

子どもが多いが、思春期、成人の発症が増えている

突然に息がつまる無呼吸発作を起こすこともあり、厳重な注意が必要です。

百日咳は次のような３期の臨床経過をたどります。

①カタル期（約２週間続きます）

７〜10日の潜伏期の後に、通常のかぜ様の症状が始まり、次第に咳の回数が増え、激しくなってきます。

②痙咳期（約２〜３週間続きます）

発作性の痙攣性の咳となります。短い連続的な咳、ヒューという咳嗽発作があり、しばしば嘔吐を伴います。無呼吸や呼吸停止を起こすこともあります。咳が激しいため、体力を消耗し睡眠不足となり、また、脱水や栄養不足に陥る場合もあります。咳発作時に肋骨骨折や失神を起こすこともあります。

③回復期

激しい咳の発作が次第に減り、時々発作的に咳をするようになって、回復に向かいます。これらの①〜③の過程全体で約２〜３か月を要します。

百日咳の治療では、マクロライド系抗菌剤が使われます。カタル期に適切な抗菌剤の治療が開始されれば、重症化を防げる可能性があります。また、痙咳期に適切な抗菌剤の治療が行われれば、周囲への感染力を弱める効果が期待できます。

咳の発作を誘発しないために、冷気は咳を誘発するので室温を20℃以上とし、加湿器等で湿度を保つようにします。食事は消化の良いものとします。タバコの煙も避けます。水分を十分に取って安静にします。

百日咳を含むワクチン（DPT、DPT-IPV）をきちんと受けていれば典型的な百日咳の発症は防ぐことができます。最近は、成人の百日咳がよく報告されているので、頑固な咳には要注意です。

3 感染経路

百日咳の感染経路は、百日咳菌を含んだ患者の鼻水や唾液が咳やくしゃみ等で飛び散り、それを吸い込んで感染する飛沫感染や手を介した接触感染です。他者に感染させる可能性のある期間は、かぜ様の症状の出始めたカタル期の初めから、咳発作の起こっている痙咳期に入って３週間程度までです。しかし、適切な抗菌剤を５日間、

服用することで除菌でき、感染力が著しく弱くなるので登校が可能になります。

1年を通じて百日咳の発生はみられますが、春から秋にかけての時期に比較的発生が多くなります。

4 どんな人が感染しやすいのか

いずれの年齢層でも感染しますが、小児が中心です。20歳以上の成人の患者も発生しています。年齢別では、0歳児が多く、その後ワクチン接種によって減少しますが、乳幼児期に接種したワクチンの免疫が減衰した小学生や中学生、青年・成人の感染・発症が増加しており、問題となっています。大学等での学生・職員の集団感染も報告されています。

重症化しやすく犠牲者の多くを占めるのは1歳未満の乳幼児で、特に生後6か月未満の乳児です。

2_百日咳への対応

1 予防対策

百日咳にかかったら、学校や職場を休み、通院以外の外出は控えます。百日咳は周囲に感染を起こしやすく、免疫がない場合には家族内では高い確率で感染伝播します。カタル期のかぜ様症状では百日咳と診断することは難しいので、この期間に他者への感染を阻止することは困難です。痙咳期に適切な抗菌剤の治療が行われれば、感染力を弱めて、他者へ感染する期間を抗菌剤投与開始後5日までに縮めることができます。

百日咳に対する免疫は生涯続くものではないため、一度罹患しても再度感染することがあります。二回目の感染は多くの場合、軽症となります。

2 百日咳のワクチンについて

かつてはジフテリア・百日咳・破傷風の3種混合ワクチン（DPT）が使用されてきましたが、現在はジフテリア・百日咳・破傷風・不活化ポリオの4種混合ワクチン（DPT-IPV）が使用されます。

これらは定期接種となっています。百日咳は乳幼児に感染すると重症化しやすいので、生後3か月になったら早めに接種を開始することが大切です。DPTワクチンやDPT- IPVワクチンが十分接種されていない場合は、かかりつけ医に相談します。

乳幼児の百日咳は重症化しやすいので、米国では大人用の百日咳・破傷風・ジフテリアのDPT３種混合ワクチンを妊娠後半に接種します。生まれてきた赤ちゃんは、ワクチンの百日咳の免疫を母親から胎盤を通して移行抗体として受け取り、しばらくの期間、百日咳から守られます。

現在、百日咳流行のピークが小・中学生にあるので、2018年８月１日、日本小児科学会はDPT３種混合ワクチンを就学前の５〜７歳に任意で追加接種することを推奨することとしました。百日咳菌への免疫をより長く維持することを目標にしています。

百日咳

苦しい病気、百日咳。激しい
咳込みを日に何回もくり返す。
それが2〜3か月も！百日の咳で百日咳。
ヒュ
①
お薬（抗菌剤）で治療します。
菌は除菌されても、コンコンと
した咳は残ってしまいます。
抗菌剤
②
百日咳はワクチンがあります！
四種混合（DPT−IPV）ワクチ
ンまたは、三種混合（DPT）ワ
クチンを打てば予防できます。
③
特に乳幼児は
重症化しやすい
危険な病気です。
弟や妹に
うつさないように、
咳がひどいときは
小児科へ行きましょう。
④

百日咳についてのお知らせ

百日咳はコンコンと激しく咳き込み、次に笛を吹くようなヒューという音で息を吸う、苦しい咳の発作が日に何度もくり返されます。子どもにとって頑固な咳が長く続くつらい病気です。治るまでには2〜3か月かかり、まさに百日も続く苦しい咳となります。

百日咳ってどんな病気？

咳などの軽いかぜ症状から始まり1〜2週間過ぎた頃から咳が激しくなり、短い間隔で連続的に出るようになります。百日咳で、注意が必要なのは乳幼児です。特に6か月未満の乳児には危険な病気です。激しい発作のある時期が2〜3週間続いた後、次第に回復していきます。

百日咳は、有効な抗菌剤を5日間、服用することで、感染力を著しく弱めることができます。そのため適切な抗菌剤で、5日間の治療を終えた人が登校可能になります。なお、感染は小児が中心ですが、ワクチン免疫が低下した思春期の子どもや成人がかかることもあります。

予防や対応は？

百日咳は、百日咳菌に感染した患者の咳による飛沫を吸い込むことでうつる「飛沫感染」や、手を介した「接触感染」によってうつります。咳をしている人はマスクをして他の人にうつさないための配慮が必要です。なお、百日咳は、「百日咳、破傷風、ジフテリア、ポリオ」の4種混合ワクチンまたは、「百日咳、破傷風、ジフテリア」の3種混合ワクチンの接種で予防ができます。お子さんのワクチン接種を確認してください。日本小児科学会は就学前に百日咳予防のために「百日咳、破傷風、ジフテリア」の3種混合ワクチンを任意で接種することを推奨しています。

以下のような百日咳を疑う症状があったら医療機関へ！

- ☑ 咳が続いている。
- ☑ 咳がひどく、夜よく眠れない。
- ☑ 咳込んで、吐いてしまう。
- ☑ 咳がひどく、顔に点状出血斑がみられる。

大人の長引く咳が実は百日咳で、お子さんにうつしてしまうことがあります。大人でも、症状に心あたりがあるときは医療機関を受診してください。百日咳菌には一度かかっても、再度感染することがあるので注意が必要です。

百日咳にかかったら…

百日咳にかかった人は学校を休み、抗菌薬できちんと治療し、通院以外は外に出ないようにします。次の点に注意してください。

咳をしている人はマスクをする。

咳をするときはティッシュ等で口をおおう。

室内はよく換気をする。室温は20℃位に保ち、湿度にも注意する。

手に菌がついているかもしれないので、手はよく洗う。

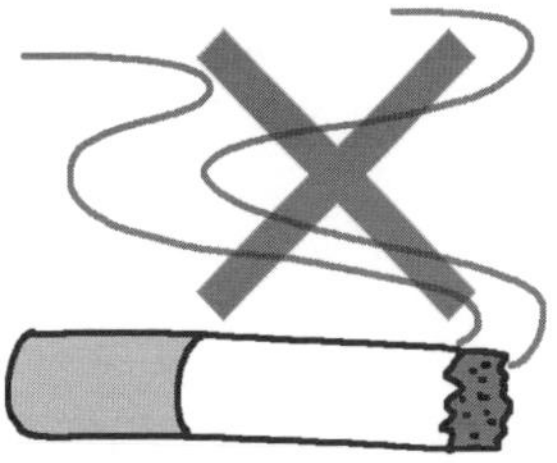

咳を誘発しやすいものは避ける（タバコ、粉末を生じやすいもの、ほこり、冷気等）。

咳がひどい場合には…

咳がひどい場合には、お子さんを前かがみにして背中をさすったり、軽くたたいたりしてあげてください。咳が落ち着いたら、水分補給をしましょう。

前かがみの姿勢で、背中をトントンしたり、さすってあげる。

咳が落ち着いたら、水分補給をしてあげる。

風しん

【Rubella】

風しんウイルス感染による急性発疹性の病気です。麻しん風しんの2種混合ワクチン（MRワクチン）は定期接種で、風しんも麻しんもワクチンで発症を予防できます。1990年代前半まで日本でも5年おきくらいに小児を中心に大きな流行がありましたが、以降はワクチン接種の普及で局地的流行や小規模の流行となっています。しかし、2012、2013、2018年（現在）も成人男性を中心に風しんの規模の大きい流行が起こっています。海外で感染して帰国した人や旅行者による風しんウイルスの国内への持ち込みから流行が発生することもあります。

※ここでは、学校感染症の第二種となっている風しんについて説明します。妊娠初期の妊婦が風しんに感染すると起こる可能性のある先天性風しん症候群については、別途にコラムで解説しています(pp.158-159)。教職員の方々は、先天性風しん症候群のコラムもご確認ください。

【風しん】の法的な扱い

❶学校保健安全法
風しんは、「学校において予防すべき感染症（学校感染症）」では、「第二種」の感染症です。赤い発疹が消えるまで、出席停止となります。

❷感染症の予防及び感染症の患者に対する医療に関する法律
「風しん」と妊娠初期の妊婦が風しんに感染すると起こる可能性のある「先天性風しん症候群」は、ともに五類感染症で、全数が診断した医師から直ちに最寄りの保健所に届け出されます。

1_風しんとは

❶ 病原体

風しんの病原体は、トガウイルス科ルビウイルス属の風しんウイルスです。古代ローマ時代に体に巻きつけて着た長い帯状の衣装のことをトガといい、トガウイルスが外被に覆われていることから命名されました。感染者の鼻や喉からの分泌物に風しんウイルスは含まれ、その飛沫によって感染伝播します。

❷ 風しんの症状

風しんの潜伏期間は、12〜23日（通常16〜18日）です。小児では、風しんウイルスに感染してから14〜17日程度で、まず、小さい赤い発疹が現れます。主な症状はこの発疹ですが、発熱、リンパ節の腫れ等もあります。発熱はあっても38℃前後で、後頭部（耳の後ろや首のあたり）のリンパ節が腫れます。その他、目（眼球結膜）の充血や喉の炎症などが

特に注意したい年齢
ワクチン未接種の小児や成人（特に30〜50代の男性）
0
1
2
3
4
5
6
7
8
9
10
11
12
13
14
15
16
17
18
19
20
30
40
50
男性が多い

みられることもあります。赤い発疹は、３日くらいで消えます。成人においては、関節痛が多く認められますが、合併症として、5000〜6000例に１例の確率で脳炎がみられます。また、3000例に１例くらいで、血小板減少性紫斑病が起こります。

一方、感染しても症状が出ない不顕性感染の人が15〜30％程度います。しかし、これらの不顕性感染の人も風しんウイルスを排泄して、他者に感染伝播させます。このような不顕性であっても、免疫記憶を獲得します。一度、風しんにかかると、大部分の人は生涯風しんに罹患することはないといわれています。しかし、風しんにかかったという“記憶”は不正確なことが多いため、ワクチン接種歴の記録や血液中の抗体検査などでの確認が必要です。

また、妊娠初期の妊婦がこの風しんに感染すると、胎児にさまざまな障害を起こすことがあり、これを先天性風しん症候群といいます。この先天性風しん症候群が風しんという感染症の最大の問題です。p.158に別途コラムを設けて説明していますので、教職員の方々はぜひ、ご参照ください。治療については、風しんウイルスに特異的な薬はなく、症状をやわらげる対症療法となります。発熱や関節炎などには、解熱鎮痛剤が用いられます。

3 感染経路

風しんの流行は、冬から初夏にかけて生じやすい傾向があります。発疹の出現する７日前（特に２〜３日前）から、発疹の出た後の７日目くらいまでの期間に、感染力があると考えられています。

風しんウイルスの感染は多くの場合、感染者の鼻や喉の分泌物の飛沫を吸い込むことによって起こります。これらの飛沫には、風しんウイルスが含まれていて、患者が咳やくしゃみをしたり、話したりするときに周囲に飛び散ります。飛沫のウイルスが手に付着し、その汚染された手指で、口や鼻に触れて感染することもあります。

こうして、口や鼻に入った風しんウイルスは、鼻や咽頭の粘膜に付着して増殖していきます。５〜７日後には血液の中に入り、風しんウイルスが全身を巡ることになります。

風しんウイルスの感染の本当の怖さは先天性風しん症候群です。妊婦に感染させないためにも、若い男性も風しんワクチンの接種が大切です。

4 どんな人が感染しやすいのか

以前は風しんワクチンを接種していない小児（１〜９歳）が幼稚園や

学校などの集団生活に入った際、そこから感染が拡大し流行していました。しかし近年では、風しんワクチンを接種していない成人男性を中心に流行が起こっています。

2_風しんへの対応

1 予防対策

風しんにかかってしまった人は、職場や学校を休んで、通院以外の外出は避けます。また、手指による接触感染もあることから、手洗いを励行します。

2 風しんのワクチンについて

風しんは、ワクチンによって予防することが大切です。風しんのワクチンは、国の定期接種となっています。2006年からは、麻しん風しんの２種混合生ワクチンとして、２回接種となっています。１回目（第１期接種）は１歳児に行い、２回目（第２期接種）は小学校入学前の１年間（年長児に相当）の間に行います。

ワクチンは、風しんウイルスを弱毒化した生ワクチンで、この弱毒株ウイルスを接種した場合には、通常の風しんのような発疹などの症状をほとんど出すこともなく、風しんウイルスに対する免疫を獲得することができます。生ワクチンなので、妊娠中は接種できません。しかし、妊娠に気づかずに風しんワクチンを接種したことによる胎児への先天性風しん症候群の発症は、これまで一例も報告されていません。

２回接種の必要性については、「麻しん」（pp.170〜175）も参考にしてください。

3 2020年までに風しんを日本から排除しよう

国（厚生労働省）は「風しんに関する特定感染症予防指針」により、先天性風しん症候群の発生をゼロにし、日本から2020年までに風しんを排除する（適切なサーベイランス制度の下で、土着ウイルスによる感染が１年以上確認されないこと）ことを目標に掲げています。定期接種による小児のワクチン接種率を高く維持するとともに、成人（特に男性）のワクチン接種が進むことが必要であることは間違いありません。平成28年度の感染症流行予測調査によると、30代後半〜50代の男性の20%、20代〜30代前半の男性の10%は風しん免疫も持っていません。現在の日本の風しん流行は男性の感染者が多く、大人がかかると子どもよりも発熱、発病期間も長くなり、一週間以上も仕事を休まねばならないこともあります。風しん免疫のない成人男性も風しんの予防接種を受ける必要があります（次頁風しんワクチンの接種状況の図を参照）。

風しんワクチンの接種状況

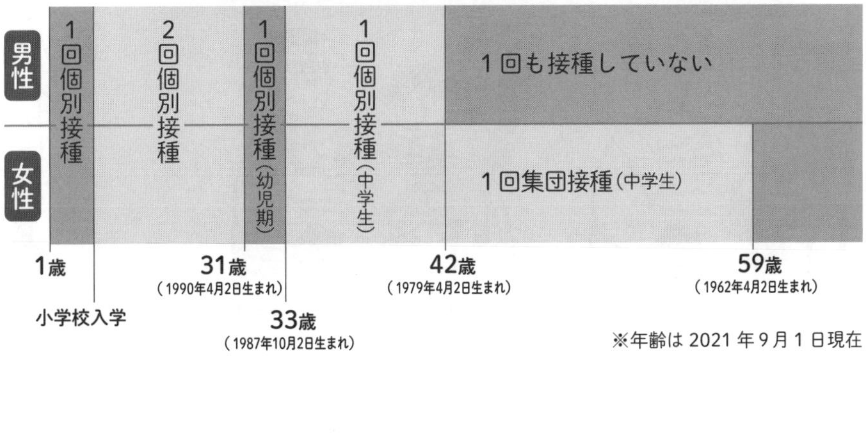

※年齢は 2021 年 9 月 1 日現在

風しんについてのお知らせ

風しんは、風しんウイルスの感染による感染症です。風しんウイルスは感染する力が強く、１人の患者から免疫をもっていない５～７人にうつす可能性があります。風しんウイルスの感染力は、インフルエンザの２～４倍と言われています。風しんは子どもだけでなく、最近は大人でも注意が必要な病気です。

風しんってどんな病気？

- 主に冬～初夏にかけて流行します。
- 潜伏期間は12～23日（通常16～18日）。発熱、発疹、リンパ節の腫れなどを引き起こします。また、感染しても症状の出ない人が３割程度います。
- 発疹の出る７日前（特に２～３日前）から、発疹が出た後７日間くらいまで感染力があります。
- 風しんウイルスを含んだ飛沫が咳やくしゃみ、会話などで飛び散りそれを吸い込んでうつります。

手洗いやマスクの装着は、風しんの十分な予防手段とは考えられていません！

風しんにならないために…

風しんは、一度、自然に感染すると免疫が体内につくられます。この免疫は生涯続くとされ、その後風しんにかかることはありません。病気を起こす力を弱めた風しんウイルスを含む弱毒性生ワクチンが「風しんワクチン」となりますが、このようなワクチンの接種によっても免疫をつくることができます。

麻しん・風しん混合ワクチン定期接種は済んでいますか？

麻しん・風しん混合ワクチンでの２回の接種は済んでいますか？

１回目は１歳児になったら接種

２回目は小学校入学前に接種

先天性風しん症候群に注意！

風しん免疫のない女性が妊娠の初期に風しんにかかると、赤ちゃんに風しんウイルスが感染してしまうことがあります。ただし、先天性風しん症候群の赤ちゃんがすべて障害をもつとは限りません。妊娠２か月までに風しんにかかった場合、目、心臓、耳のすべてに症状をもつことが多く、それ以降では、難聴、網膜症のみが多くなります。妊娠20週を過ぎると「異常なし」が多いとされてます。

先天性の目の病気

●白内障
黒目が白く濁って目が見えにくい

●網膜症
目の奥の膜に異常がみられる

●緑内障
目の中の圧が高くなる
など

低出生体重

小さく生まれる

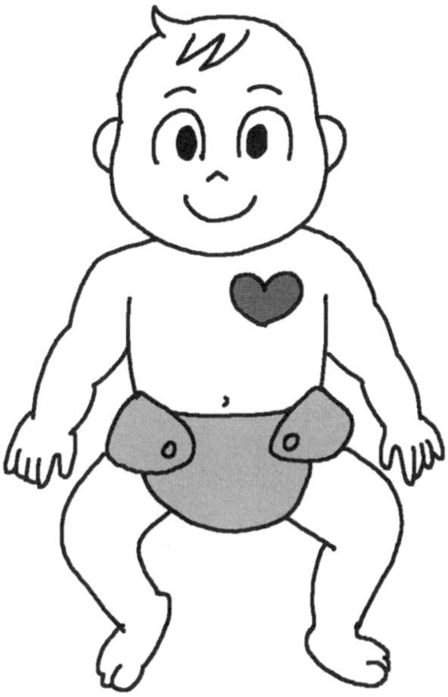

先天性の耳の病気

●難聴
耳が聞こえにくい

先天性の心臓の病気

●動脈管開存症
生まれたら閉じるはずの動脈管が開いたままになり、心臓や肺に負担がかかる　など

血小板減少性紫斑病

血小板という血液の成分が少なくなり、紫色の斑点が皮膚に出る　など

風しんワクチンの接種について

風しんにかかったことがなく、ワクチンも受けておらず、風しんに免疫のない女性は、妊娠する前に風しんワクチンを受けましょう。また妊娠した女性に風しんをうつさないため、周囲の人が風しんワクチンを受けることも大切です。

※近年の日本での風しん流行の中心は、ワクチンを受けていない30代～50代の男性です。職場で感染を拡げたり、職場で感染して家族にウイルスを持ち込むことのないように、男性も風しんの抗体を調べ、必要ならばワクチン接種を受けることが勧められます。麻しん風しん混合ワクチンで接種するとよいでしょう。

Column

Infectious Diseases／感染症コラム12

先天性風しん症候群 ～教職員の方々へ注意喚起～

風しんは風しんウイルスの感染によって起こる急性の発疹性の病気です。現在、風しんは国の定期接種によって、小児に２回の予防接種が行われ、その流行も局地的、小規模なものとなってきています。しかし、ワクチン未接種の成人男性を中心に風しんの免疫をもっていない大人に風しんの流行が起こることがあります。そしてこのような流行で特に問題となるのは、妊娠初期の女性です。

女性が妊娠初期に風しんに感染すると、胎児にも風しんウイルスが感染し、生まれてくる赤ちゃんが障害をもつことがあります。これが、先天性風しん症候群です。先天性風しん症候群は、風しんウイルス感染症における最大の問題です。

どんな病気？

先天性風しん症候群では、出生後、子どもに難聴、心疾患、白内障、精神や身体の発達の遅れなどの障害がみられます。妊娠のどの時期に風しんに感染したのかという点が重要となります。

妊娠３か月までの妊婦が感染すると、赤ちゃんは白内障、難聴、心疾患の２つ以上をもって生まれてくることがあります。また、難聴については、妊娠５か月までの感染と関係があるとされており、この難聴が、先天性風しん症候群としては一番発生の頻度が高い障害です。そのため、先天性風しん症候群では、難聴だけが症状であることも多いのです。その頻度は、妊娠１か月で50％以上、２か月で35％、３か月で18％、４か月で８％くらいとされます。一方、６か月以降の妊婦が風しんにかかっても、先天性風しん症候群の発生はほとんど認められません。風しんウイルスの感染では成人でも不顕性感染（症状が出ていない感染）があります。この場合、母親に症状がなくとも、先天性風しん症候群の児の発生が起こることがあります。

治療・予防は？

妊娠可能年齢の女性は、風しんに対する十分な免疫（抗体価）をもつことが必要です。過去に風しんワクチンの接種歴のない、または不明で、風しん抗体がない人は、妊娠する前に風しんワクチンを接種して防御免疫をつけておくことが大切です。妊娠中の風しんワクチン接種はできません（しかし誤って妊娠中に風しんウイルスを接種したために胎児に先天性風しん症候群が発生したという報告は、これまでありません）。

成人の男性も、風しんワクチンの接種をすることを勧めます。成人が風しんに罹患した場合には、小児より発熱、発疹、関節痛などの症状が強く、仕事を休まなければなりません。まれですが、脳炎、血小板減少性紫斑病、溶血性貧血などの合併症を起こすことがあります。さらに、周囲の妊娠期の女性に風しんウイルスを感染させる可能性もあります。ご家族に妊娠初期の妊婦、または妊娠の可能性のある女性のいる、

風しんワクチンは赤ちゃんを守ります

先天性風しん症候群の法的な扱いについて

感染症の予防及び感染症の患者に対する医療に関する法律
感染症法では五類感染症で全数把握疾患です。診断した医師は保健所に届け出ます。

風しんの抗体をもっていない方は、速やかに風しんワクチンを接種して、妊婦に感染させるリスクを回避することを勧めます。

また、過去に風しんにかかったという記憶のある人たちに風しん抗体の血液検査を行ったところ、約半数は抗体をもっていませんでした。記憶違いや類似の発疹性の病気にかかったものとの混同であったと考えられます。このように風しんにかかったという記憶は、不確実で当てにならず、血液検査によってその抗体価が確認された場合でないと信頼できません。風しんワクチンを受けていない場合には、予防接種を受けることを勧めます。麻しん風しん混合（MR）ワクチンで接種することをお勧めします。下の図に示すように過去のワクチン政策の変遷により生まれた年月日（世代）や性別によって、風しんワクチンを受けていない人もいます。特に2018年の風しん流行の中心は30代～50代の男性でした。教職員の方もご自身のワクチン接種歴を（母子手帖などで）確認するか、抗体検査をして必要であれば麻しん風しん混合ワクチンを接種する必要があります。

風しんワクチンは、これから生まれてくる子どもたちのためのワクチンです。赤ちゃんを先天性風しん症候群から守り、心安らかな妊娠期を家族みんなで過ごすためにも、妊娠以前の風しんワクチンの接種が大切です。

風しんの項（pp.152～157）もよく読んでおいてください。

風しんワクチンの接種状況

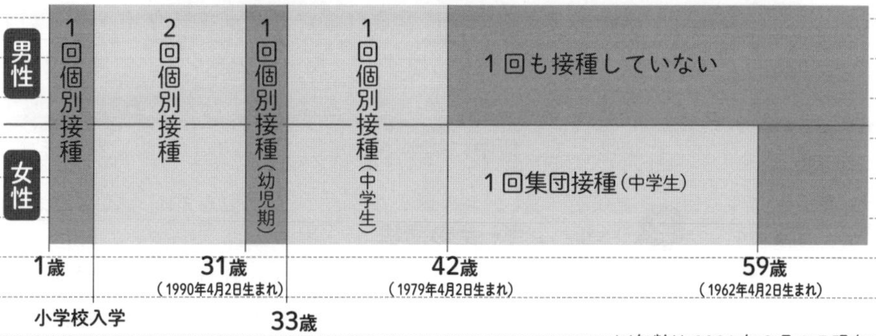

※年齢は 2021 年 9 月 1 日現在

国は1回もワクチンを接種していない成人男性（1962年4月2日～1979年4月2日2日生まれ）で、風しんに対する免疫が低い人を対象に、2019年～2021年度末まで、予防接種法による定期接種を行うことを決めました。対象者には自治体から通知が来ます。これとは別に、抗体検査やワクチン接種の補助制度がある自治体があります。

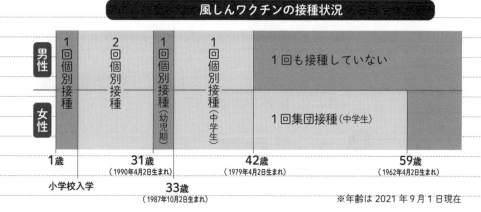

ヘルパンギーナ

【Herpangina】

私ギーナちゃん
喉が真っ赤になって
痛くなるよ

ヘルパンギーナは、夏季に流行する、いわゆる夏かぜの一つです。乳幼児を中心に1歳から10歳までの子どもに流行し、特に幼稚園や保育所で流行がみられます。症状は、発熱と口腔粘膜に水疱が出て、喉にも炎症が起こり痛がります。

【ヘルパンギーナ】の法的な扱い

❶学校保健安全法

ヘルパンギーナは、「学校において予防すべき感染症（学校感染症）」では、「その他」の感染症（第三種の感染症として扱う場合もある）です。解熱して、全身状態が安定改善すれば、登校、登園は可能です。

❷感染症の予防及び感染症の患者に対する医療に関する法律

ヘルパンギーナは、五類感染症で、全国約3000か所の小児科定点医療機関から週ごとに発生報告が届け出されます。

1_ヘルパンギーナとは

❶ 病原体

原因となる病原体は、エンテロウイルスです。エンテロウイルスは総称で、その中に含まれるコクサッキーウイルスAが主な原因となりますが、他にもコクサッキーBウイルス、エコーウイルスなどの報告もあります。エンテロとは「腸」という意味で、腸でウイルスが増えて、便中に排泄されて出てくるものが多くあります。

ヘルパンギーナの主な原因は、コクサッキーAウイルスですが、その中でも2、4、5、6、8、10、タイプの報告が多いとされています。

❷ ヘルパンギーナの症状

ヘルパンギーナは、感染後、3～6日程度の潜伏期間をへて、急に38～40℃の熱が出て、それが2～3日続きます。喉は真っ赤になり、発熱と喉の痛みが特徴です。口の中の天井の奥（軟口蓋）を中心に小さな水疱ができ、それが潰れて潰瘍になります。これらの水疱や潰瘍は、1週間程で自然に治癒します。通常は合併症もなく回復しますが、まれに無菌性髄膜炎、急性心筋炎などを起こすことがあります。

ヘルパンギーナに特異的な治療法はなく、対症療法となります。

口の中の病変に対しては、のどごしのよい食べ物で、刺激にならないような薄味の食事を与えます。口の中の症状が強いので、薄いお茶やスポーツドリンクなどで脱水症状にならないように注意します。

3 感染経路

コクサッキーウイルスは、症状が出てから1週間は唾液にも含まれており飛沫感染を起こします。一方で腸で増えたウイルスが便中に排泄されることにより、糞口感染も起こします。患者の症状が軽快した後も、1か月程度、便にウイルスが排泄されて感染源となります。このような性質から、出席停止措置は流行阻止に効果がありませんが、手洗いの励行が大切です。

また、一度感染しても、病原となるウイルスが多数あるため、別の型のコクサッキーウイルスやエコーウイルスに感染して、再度ヘルパンギーナになることがあります。夏季に感染が起こりやすく注意が必要です。

4 どんな人が感染しやすいのか

1歳児が最も多く、年齢を重ねるとともに減少します。少数ですが、成人の患者もいます。幼稚園や保育所で流行りやすい病気です。

2_ヘルパンギーナへの対応

1 予防対策

手洗いが大切です。特に回復者であっても排便後の手洗いを励行させ、他の子どもにもトイレの後の手洗いを指導します。保育所では、おむつ替えの後の手洗いや排泄物の処理に十分に気をつけます。

プールでは、入る前によく臀部を洗って、腰洗槽やシャワーを励行させます。また、水の塩素濃度の管理も徹底します。

2 ヘルパンギーナのワクチンについて

ヘルパンギーナのワクチンはありません。

ヘルパンギーナについてのお知らせ

ヘルパンギーナは、いわゆる夏かぜの一つで、エンテロウイルスによる感染症です。夏季に、乳幼児を中心に１歳から10歳までの子どもに流行が起こりやすいため、幼稚園や保育所では特に注意が必要です。

ヘルパンギーナの症状は？

ヘルパンギーナは、発熱と喉の痛みが症状の特徴です。急に38～40℃の熱が出て、それが２～３日続きます。口の中の天井の奥（軟口蓋）を中心に小さな水疱ができ、それが潰れて潰瘍になります。これらの水疱や潰瘍は、１週間程度で自然に治癒し、通常は合併症もなく回復します。

ヘルパンギーナは、一度かかっても再度なることがあります。

ヘルパンギーナの予防は？

予防には手洗いが大切です！

症状が回復した後でも排便後の手洗いを徹底させてください。また、小さなお子さんがいるご家庭では、おむつ替えの後や排泄物の処理の後にも十分な手洗いを心がけてください。

❶ 手のひらで石けんを泡立てます。

❷ 手のこうも、こすって洗います。

❸ 指を一本ずつていねいに洗います。

❹ 両手をもむようにして指の間を洗います。

❺ 爪を手にこすりつけるように洗います。

❻ 手首を片方ずつ洗います。

❼ 石けんが残らないように、しっかり洗い流します。

❽ 清潔なタオルやハンカチで水分をしっかりふき取ります。

プールに入る
ときも注意！

ヘルパンギーナの予防のためにも、子どもがプールに入る前には、シャワーで臀部をしっかり洗って、腰洗槽では腰までつかるようにさせてください。

ヘルパンギーナの治療は？

ヘルパンギーナには、特異な治療法はなく、対症療法になります。喉や口の中に刺激を与えないよう、のどごしの良い食べ物や薄味の食事を与えるようにしてください。また、お茶やスポーツドリンクも薄めて摂取するようにし、脱水症状にも注意します。

咽頭痛により口から物が食べられないなどの場合には、脱水への対応として輸液等が必要となることがあるため、医療機関を受診してください。

ヘルパンギーナ

1
夏に流行しやすく
夏かぜの一つと
いわれます
2
急に発熱して　喉が
真っ赤に！　喉が痛い！
喉の奥に
小さな水疱が!!
3
喉や口の中に
痛みがあるので
脱水症状に気をつけて！
刺激の少ないのどごしの
良いものを！
4
治っても1か月も
うんちにウイルスが！
トイレの後は
手洗いをしっかりと
おむつ替えのときは
お母さんも手を洗って！

マイコプラズマ肺炎

【Mycoplasma pneumoniae infection】

咳が長く続き（２週間から４週間）、肺炎を起こしても症状が比較的軽く、通院して治療を受ける感染者も多いことから、マイコプラズマ肺炎は米国では「歩く肺炎」ともいいます。家族内や学校、幼稚園、保育所などでの感染がみられます。「なんだか長く咳が続くけれど…」と受診して、マイコプラズマ肺炎の感染と判明することが多いのも特徴です。幼児期、学童期など14歳以下が報告の８割を占め、さらに青年期でも発生しています。

僕はマイコプラズマのプラズマン
マジシャンのように
姿を変形させるよ
マイコプラズマ肺炎は
長引くよ

【マイコプラズマ肺炎】の法的な扱い

❶学校保健安全法

マイコプラズマ肺炎は、「学校において予防すべき感染症（学校感染症）」では、「その他」の感染症（第三種の感染症として扱う場合もある）です。症状が改善して、全身状態が良くなった人は登校、登園は可能です。

❷感染症の予防及び感染症の患者に対する医療に関する法律

マイコプラズマ肺炎は、五類感染症で、全国約500か所の基幹定点医療機関から週ごとに発生の報告が届け出されます。

1_マイコプラズマ肺炎とは

❶ 病原体

病原体は、肺炎マイコプラズマで、細菌の仲間です。しかし、他の細菌と異なって細胞壁をもたないことから、細胞壁合成阻害作用によって抗菌活性を示すペニシリンやセフェム系の薬は効果がありません。肺炎マイコプラズマは熱に弱く、界面活性剤で感染性を失います。細胞壁がないことから、多形態をとります。

❷ マイコプラズマ肺炎の症状

潜伏期間は主に２～３週間ですが、１～４週間の場合もみられます。このように潜伏期間が長いために、学校や幼稚園、保育所などの集団で流行が生じると数か月もの長い期間、流行が続くことがあります。症状は、発熱、倦怠感、頭痛などから始まり、３～５日して咳が出始めます。乾いた咳が徐々にひどくなり、しつこい咳が３～４週間後も長く続きます。咳の一番ひどい時期は、２週目です。喘息様気管支炎となることもあり、急性期には４割で喘鳴を認めます。肺炎

特に注意したい年齢　15歳以下（成人での報告もあり）

0 1 2 3 4 5 6 7 8 9 10 11 12 13 14 15 16 17 18 19 20

であっても比較的元気であるとされますが、重症になることもあります。重症例では、呼吸困難となることもあり、適切な抗菌薬等での治療が大切です。

また、マイコプラズマ肺炎では、多くの合併症もみられます。肺炎マイコプラズマに感染した子どもの25％が吐き気や嘔吐、下痢などの消化器症状を起こします。耳が痛いと訴える子どももいて、鼓膜炎、中耳炎などの耳の炎症を起こすこともあります。その他、無菌性髄膜炎、脳炎、肝炎、心筋炎、関節炎、溶血性貧血、ギラン・バレー症候群、発疹などがあります。

マイコプラズマ肺炎の診断は、通常は血液の抗体の検査で行われます。その他、病原体や病原体の遺伝子を痰や咽頭ぬぐい液などから検出することもあります。

マイコプラズマは細胞壁がないため、抗菌剤はβ-ラクタム系の抗菌剤ではなく、蛋白合成阻害薬であるマクロライド系抗菌薬（エリスロマイシン、クラリスロマイシン等）などが小児では使われます。しかし、マクロライド系抗菌薬に耐性の肺炎マイコプラズマ株が出現し、その割合が高くなってきているとの報告もあり、心配されています。

3 感染経路

感染経路は、感染者の咳などのしぶきを吸い込むことによる飛沫感染です。感染には濃厚な接触が必要と考えられ、欧米の報告では寄宿舎やサマースクールなどの閉鎖的な集団での感染拡大が認められますが、短期間での暴露における急速な感染拡大の可能性は低く、地域での感染の拡がりは速くありません。濃厚な接触が必要なことから、友人間、家族内での伝播が認められます。

肺炎マイコプラズマは、まず、気道の粘膜表面の細胞外で増殖し、上気道から下気道の気道粘膜を破壊します。気道粘膜への肺炎マイコプラズマの排出は、発症前の２～８日から始まり、発症時から１週間に多く、４～６週間以上続きます。感染したことによって、肺炎マイコプラズマに対する抗体がつくられますが、徐々に減衰して再感染もよく起こります。マイコプラズマ肺炎は、５～35歳の年齢層の肺炎の大きな部分を占めます。

流行時期については、晩秋から早春にかけて多くなりますが、通

マイコプラズマという細菌の感染で起こる咳の長く続く病気です。レントゲン写真で特徴のある肺炎の像が認められるので、原発性非定型肺炎という別名があります。頑固な咳は肺炎になっていることもあるので要注意！

年で患者の発生がみられます。過去には4年周期で流行がありましたが、1984年と1988年の大きな流行の後、2010年、2011年、2016年に比較的大きな流行が起きました。

4 どんな人が感染しやすいのか

患者の8割は14歳以下の小児です。成人での報告もあり、再感染も起こります。

2_マイコプラズマ肺炎への対応

1 予防対策

現在、マイコプラズマ肺炎の予防ワクチンはありません。そのため、感染のリスクを下げることを目標に注意事項をよび掛けます。具体的には人ごみを避ける、手を洗う、咳が出る場合はマスクをつけるなどです。また、咳をするときのエチケットや鼻をかんだティッシュの処理などの指導も重要です。症状のみられる場合は家庭内での伝播を防ぐため、同じ部屋では寝させないようにするなど注意喚起し、医療機関への速やかな受診を勧めてください。

2 マイコプラズマ肺炎のワクチンについて

マイコプラズマ肺炎のワクチンはありません。

マイコプラズマ肺炎

ゴホ
ゴホゴホ
そういえば ずいぶん咳が長く 続いているのねえ わりと元気も あるけれど もう2週間くらいに なるわ…　この咳
コンコン
ゴホ
ゴホ
ゴホ
これはマイコプラズマです ふつうの抗菌剤では効かないので マイコプラズマ細菌に効く 抗菌薬を出しますよ 水分をとって 安静にしてくださいね 数日でよくなってきますよ
子どもの咳が長引く場合には、
マイコプラズマ肺炎の可能性も！

マイコプラズマ肺炎についてのお知らせ

マイコプラズマ肺炎は、マイコプラズマという細菌の感染による急性の呼吸器感染症です。咳が長く続き（２～４週間）、学校や幼稚園、保育所などで感染がみられます。14歳以下の小児が感染者報告の80%を占めています。

症状

2～3週間の潜伏期間をへて、発熱・頭痛・だるさなどから、次第に咳が目立つようになります。「ずいぶん長く咳が続くけど…」と受診してみるとマイコプラズマの感染であるというケースがあります。

夜間に激しい咳があり
眠れないなどのときは
医療機関へ受診を！
ゴホ
ゴホ
ゴホ

こんなときは医療機関への受診をお勧めします

- ☑ 昼間、学校や幼稚園、保育所での生活に支障をきたすほどの咳がみられるとき
- ☑ 夜間、咳で眠れないとき
- ☑ 乾性の咳が2～3週間続くとき
- ☑ 発熱と咳が出るとき

※髄膜炎・髄膜脳炎などの合併症が起こることもあります。

治療

自然に治癒する傾向もある感染症ですが、有効な抗菌剤（マクロライド系など）を服用することで、症状の出る期間を短くすることができます。治癒までには数日～数週間かかります。

登校、登園について

熱が下がり、症状の強い急性期の症状がおさまり、全身の状態が良くなれば、登校、登園は可能です。医師に診てもらいましょう。

予防について

手洗いをよくします。手洗いは正しい方法で行ってください。

❶ 手のひらで石けんを泡立てます。

❷ 手のこうも、こすって洗います。

❸ 指を一本ずつていねいに洗います。

❹ 両手をもむようにして指の間を洗います。

❺ 爪を手にこすりつけるように洗います。

❻ 手首を片方ずつ洗います。

❼ 石けんが残らないように、しっかり洗い流します。

❽ 清潔なタオルやハンカチで水分をしっかりふき取ります。

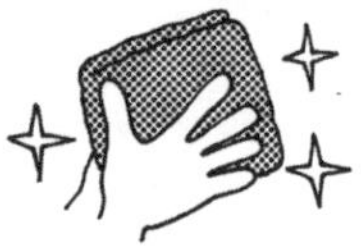

咳が出るときは…

1 咳が出るときは、周囲の人への感染予防としてマスクを着用します。

2 マスクはぴったりとつけてください。

3 マスクを外すときはゴムひもだけを触って取るようにしてください。

マスクがないときは…

☑ ティッシュなどで口をおさえるようにしてください。口をおさえたティッシュは別個にして処理して、手を洗いましょう。

☑ ティッシュがないときは自分の腕で口をおさえましょう。

※夜間の激しい咳があるときは、うつさないように他の人と同じ部屋で寝ないようにしてください。

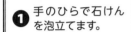

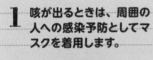

麻しん（ましん；はしか）

【Measles】

麻しんは麻しんウイルスによる急性発疹性疾患です。発熱、発疹、咳、鼻水、結膜炎を起こし、肺炎や脳炎を起こしやすい病気です。麻しん風しん2種混合ワクチンの2回接種を導入し、予防接種率を高めて集団免疫を保つ対策がとられています。しかし近年、海外の帰国者、旅行者等から麻しんウイルスがもち込まれて患者が発生することがあります。医療機関から全数報告される疾患となっています。

あっしははしかのハッシー
空気感染で人から人に飛び移る旅がらすでやんす

【麻しん】の法的な扱い

❶学校保健安全法
麻しんは、「学校において予防すべき感染症（学校感染症）」では、「第二種」の感染症です。麻しんは、発疹に伴う発熱が解熱した後3日を過ぎるまで出席停止となります。

❷感染症の予防及び感染症の患者に対する医療に関する法律
麻しんは、五類感染症で、全数が診断した医師から直ちに最寄りの保健所に届け出されます。

1_麻しん（ましん；はしか）とは

❶ 病原体

麻しんは麻しんウイルスの感染によって起こる病気です。麻しんウイルスは人にだけ感染します。また、感染力が非常に強いので、ワクチンでの予防が大切です。

❷ 麻しんの症状

麻しんの潜伏期間は、8～12日程度です。症状の経過は、カタル期、発疹期、回復期と分かれ、合併症を起こさなければ、7日～10日間くらいで回復します。しかし、肺炎や脳炎などの重い合併症を起こすこともあり、死亡例も報告されている重要な感染症です。麻しんウイルスに効く薬はなく、症状に対応する対症療法となります。

（1）カタル期

8～12日（7～18日）の潜伏期間をへて発症し、38℃台の発熱が2～4日続き、咳やくしゃみ、鼻水といった上気道炎症状と結膜の充血などの結膜炎症状が現れる期間をカタル期といいます。発疹の出る１～２日前頃に口腔内（頬粘膜）に、麻しんに特徴的な白い小さな斑点であるコプリック斑が出ます。このコプリック斑は麻しん特有で、発疹出現後２日目が過ぎ以降、急速に消えていきます。このカタル期が一番、他者への感染力が強い期間です。

（２）発疹期

発疹期では、カタル期の熱が一旦解熱傾向を示した後、再び39℃以上の高い熱が出て二峰性の発熱をとり、そして麻しん特有の発疹が出てきます。赤い発疹は耳や首の後ろ、額の部分などから始まり、翌日には顔や体躯、腕にも出て、２日後には全身に広がります。この間、高熱が３～４日続きます。

（３）回復期

回復期には、発疹期に続いた高熱が解熱して、全身状態も良くなってきます。発疹も退色し、しばらくは色素の沈着が残る状態になります。合併症がない限り７～10日程度で回復します。

3 麻しんの注意すべき合併症

肺炎と脳炎は麻しんの重大な二大合併症です。その他、麻しんにかかった際は、しばしば起こる中耳炎や、まれではありますが、亜急性硬化性全脳炎（SSPE）などにも注意が必要です。

また麻しんにかかると、約１か月間免疫力が低下することが知られています。結核やHIV感染症が憎悪したりする報告があります。

麻しんの注意すべき合併症

肺炎	麻しんウイルス性肺炎、二次性の細菌性肺炎、巨細胞性肺炎（免疫不全状態時に起こる肺炎）を引き起こす可能性があります。
脳炎	脳炎は、麻しん患者1000人に１～２人の頻度で起こります。発疹が出てから２～６日頃に発症することが多く、患者の６割は完全に回復しますが、２～４割は中枢神経系の後遺症を残し、致死率は15%です。
中耳炎	麻しんの最も多い合併症で、患者の5～15%が起こします。細菌の二次感染です。
亜急性硬化性全脳炎（SSPE）	麻しんウイルスに感染後数年～10年をへて発症します。麻しん患者10万人に１人に発生します。知能障害、運動障害が進行し、予後不良の疾患です。麻しんワクチン接種後のSSPEは極めてまれで100万人に１人未満の発生頻度とされます。

4 感染経路

麻しんは主に春から夏にかけて流行します。感染力が大変強く、空気感染、飛沫感染、接触感染などのさまざまな経路で感染します。最近は海外からの輸入例から感染の広がりがみられますので、1年中いつでも流行が起こり得ます。

空気感染もするため、学校等、多くの人が集まる場所では、感染者が一人でも出ると感染が拡がるおそれがあります。このため、発症した人の周囲の子どもの麻しんワクチンの接種歴を速やかに調査し、未接種の場合には、麻しんワクチン接種などによる感染拡大防止を考えます。麻しんワクチン未接種の場合、麻しん患者と接触後、72時間以内にワクチンを接種すれば、発症の阻止や発症しても症状を軽くすることが期待できます。6日以内であれば、免疫グロブリン製剤の投与により、予防または症状の軽減が期待できます。この場合、血液製剤であることを考慮し、理解を得ることが必要となります。

麻しんの免疫をもたない人が暴露を受けると、ほとんどの人が感染発症します。不顕性感染はほとんどありません。ウイルスの検査や抗体価の上昇、臨床症状などで診断します。

5 どんな人が感染しやすいのか

患者発生は、0歳、1歳に多く、これらの小児の患者のほとんどは、麻しんワクチンの未接種者です。

一方で、年長者の患者の発生も多くあり、18歳以上の成人麻しんは全国の基幹病院から報告され、重症例が多いとされます。これらの成人の患者は、麻しんワクチンの未接種者に加え、接種して麻しん免疫を獲得した後に長い時間を経過して免疫記憶が減衰した人、または1回接種したものの免疫がつかなかった人と考えられます。

2_麻しん（ましん；はしか）への対応

1 予防対策

最近の麻しんの傾向は海外で感染した人が日本に来て発生する輸入麻しんと、周辺への小規模な伝搬です。

国は2007年に「麻しんに関する特定感染症予防指針」を策定しましたが、2013年4月より改訂され、さらに2018年9月から新しい予防指針が適用されています。

麻しんの定期予防接種の徹底が基本ですが、指針の中では、厚生労働省が文部科学省等との関係をより強化することもうたっています。

なお、「学校における麻しん対策ガイドライン」が2008年３月につくられ、2018年２月に第二版に改訂されて公開されていますので参考にしてください。また、学校などにおける麻しん（はしか）患者調査票も公開されています。

2 麻しんのワクチンについて

麻しんワクチンは、国の定期接種として、接種を強く勧奨されています。2006年からは、麻しん風しんの２種混合生ワクチン（MRワクチン）として、２回接種となっています。１回目（第１期接種）を１歳児に、２回目（第２期接種）を小学校入学前の１年間（年長児に相当）に接種します。２回目のワクチン接種を忘れてしまい、中高校生になってからワクチン免疫が減衰して、麻しんにかかってしまうという事例も報告されています。

母子手帳でワクチン接種歴を確認し、麻しんワクチンを未接種、または１回しか受けていない人は、麻しん風しん混合ワクチン（MRワクチン）を任意で接種することが強く勧められます。さらに接種後10年以上を経過している場合には、麻しん風しん混合ワクチンで追加接種を受けると麻しんと風しんの免疫を高く維持して予防することができます。

なお、2008年４月～2013年３月までの５年間、中学１年生（３期）、高校３年生（４期）相当の年齢の人に２回目となるMRワクチン接種が行われました。

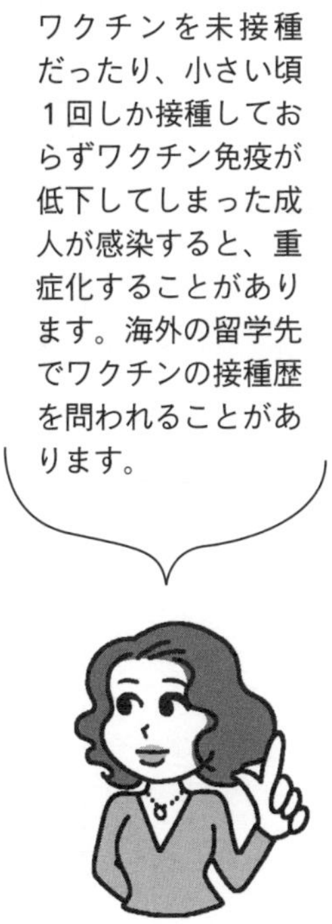
ワクチンを未接種だったり、小さい頃１回しか接種しておらずワクチン免疫が低下してしまった成人が感染すると、重症化することがあります。海外の留学先でワクチンの接種歴を問われることがあります。

麻しん

麻しんウイルスは感染力が強い
手洗い、マスクをしても感染を完全に防ぐことはできません!
平成19~20年に、10~20代を中心に流行し休校する学校が多数出ました
予防にはワクチンが有効です。1歳と小学校に入る前にきちんと2回の定期接種をうけましょう
ちゃんとうけていますか?

接種は済んでいますか？

麻しんのワクチン接種についてのお知らせ

麻しん（はしか）は、麻しんウイルスによって起こる病気です。感染力が強く、ワクチンを接種していない状態では、感染する機会があった場合には、必ずといってよいほどかかります。麻しんは、患者の1000人に１人は命を落とす可能性があるといわれている重い病気です。合併症を起こす可能性もあり、ワクチンは国の定期接種となっています。学校保健安全法では第二種感染症に指定されており、発疹に伴う発熱が解熱した後３日を過ぎるまで出席停止となります。

ワクチン接種について

ワクチンは１歳になったら１回、小学校入学前にもう１回、計２回接種します。

１回目は１歳児になったら接種

２回目は小学校入学前に接種

海外から麻しんウイルスが持ち込まれて発生しています。

なぜ２回の接種が必要なのでしょうか？ 以下の３つの理由があります。

1. １回の接種では、免疫がつかない子どもが数％いることがわかっています。２回目に接種すると、その子どももワクチンによる免疫をつけることができます。
2. １回の接種で獲得したワクチン免疫が、その後、数年を経過し減衰しても、２回目の接種で再び麻しんの刺激を加え、ワクチン免疫をより強くすることができます。
3. １回目に接種を忘れてしまった子どもたちも、２回目で接種の機会を得ることができます。母子手帳でお子さんのワクチン接種記録を確認してください。

ワクチンの接種漏れはありませんか？

定期接種の期間に１度もワクチンを打っていない人や１回接種しただけの人は、医師に相談してください。麻しん風しん混合ワクチン（MRワクチン）を任意で接種することで、麻しんに対するワクチン免疫をつけることができます。２回の接種が望まれます。

溶連菌感染症

【Streptococcal Infection】

溶連菌感染症は幼児や学童期の小児に多く、38℃以上の発熱と全身のだるさや喉の痛みなどで発症し、嘔吐を伴うこともあります。発疹を伴うこともあります。冬と5月から6月にかけて患者が多く発生します。

【溶連菌感染症】の法的な扱い

❶学校保健安全法

溶連菌感染症（主にA群溶血性レンサ球菌感染症）は「学校において予防すべき感染症（学校感染症）」では、「その他」の感染症（第三種の感染症として扱う場合もある）です。病状により医師において感染のおそれがないとされるまで出席停止となります。

❷感染症の予防及び感染症の患者に対する医療に関する法律

A群溶血性レンサ球菌喉頭炎は、五類感染症で、全国約3000か所の小児科定点医療機関から患者の発生が報告されます。劇症型溶血性レンサ球菌感染症については、患者の全数が報告されます。

1_ 溶連菌感染症とは

❶ 病原体

A群溶血性レンサ球菌（化膿性レンサ球菌）が原因です。喉や皮膚にしばしばみられる細菌で、症状がない場合もあります。咽頭炎、扁桃炎、中耳炎の他、猩紅熱《しょうこうねつ》や伝染性膿痂疹（とびひ：ただし黄色ブドウ球菌の場合が多い）(pp.122〜125参照）などの原因となります。

❷ 溶連菌感染症の症状

●A群溶血性レンサ球菌咽頭炎

潜伏期は2〜5日。38℃以上の突然の発熱、全身倦怠感、咽頭痛で発症し、しばしば嘔吐も出ます。喉は赤く腫れて、扁桃腺は膿をもっているように見えます。菌が産生する外毒素によって、顔面を除く全身に赤い発疹（点状紅斑様、日焼け様の皮疹）の出る「猩紅熱」となることもあり、舌にイチゴのようなぶつぶつができる「苺舌」が顕れることもあります。

合併症には、肺炎、髄膜炎、リウマチ熱、急性糸球体腎炎、敗血

特に注意したい年齢 0（6か月以上）～5歳（成人の報告もあり）

症などがあります。

咽頭からA群溶血性レンサ球菌が確認されると、抗菌薬による治療が行われます。第一選択はペニシリン系抗生物質で、エリスロマイシン、第一世代セフェム系薬剤も使われます。少なくとも10日間は確実に投与し、菌が消滅するまで行われます。この投薬治療によって、合併症や重症化を防ぎます。

溶連菌感染症は、春から初夏にかけての発生が多くみられますが、秋冬に流行したこともあります。

合併症や再発のおそれもありますから、抗菌薬は医師から指示された期間中はしっかりと飲みます。

●侵襲性A群溶血性レンサ球菌感染症

血液や筋肉、肺など、通常この病原菌が存在しない組織に侵入すると重症な症状を引き起こすことがあり、これは侵襲性A群溶血性レンサ球菌感染症とよばれます。このうち、特に重篤であり致命率が高いのが、「壊死性筋膜炎」と「A群溶血性レンサ球菌毒素性ショック症候群」です。

発生はまれですが壊死性筋膜炎は、俗にヒト食いバクテリアとよばれ、筋肉、脂肪、皮膚などの組織を破壊し、致命率は約2割です。A群溶血性レンサ球菌毒素性ショック症候群は、5割以上が亡くなります。水痘の皮膚病変の出ている間は、リスクが高くなるとされますので、水痘の定期予防接種を受けることが勧められます。伝染性膿痂疹や壊死性筋膜炎などは皮膚の正常バリアが崩れた状態（傷や病変）の部位から原因菌が侵入してくる場合が多く、傷等は保護して、注意します。

「感染症の予防及び感染症の患者に対する医療に関する法律」では劇症型溶血性レンサ球菌感染症を診断した医師が、保健所に届け出をする全数報告の五類感染症です（ショック症状は必須、壊死性筋膜炎は必須ではない）。その他の侵襲性A群溶血性レンサ球菌感染症の敗血症や肺炎も重篤化しやすく10～15%の致命率となります。

3 感染経路

幼稚園や保育園、小学校に通う小児が感染して、家庭内に持ち込み、家族内に感染が広がるケースがよくみられます。

A群溶血性レンサ球菌に感染・発症した人の咳などによって、鼻や喉などから菌を含んだ飛沫が吐き出されることにより飛沫感染します。患者との濃厚接触を避けます。また、咳エチケットのマナーも大切です。喉や鼻の粘膜に菌が付着して感染しますから、菌が付着した手での接触感染を防ぐために、よく手洗いをするように指導します。皮膚に病変がある場合は、その感染部位から菌が出ていることもあります。保育所等ではオモチャを子どもたちが舐めることがあるので、よく洗って乾かすなどの管理をこまめにします。

抗生物質による治療が始まっても、感染力がなくなるまで約24時間を要するので、それまでは他者に感染させないように外出を控え、学校は休みます。

抗生物質の治療が開始されて24時間以上経過すると、他人にはうつさないようになります。登校、登園は本人の熱が下がり、自覚症状が軽くなり体調が回復し、治療を続けていれば可能になります。念の為、発病後２週と、３～４週後頃に尿検査をして、尿に異常がないことを確認します。抗菌薬は合併症や再発のおそれがありますから、医師に指示された期間中、しっかりと飲むことが必要です。

4 どんな人が感染しやすいのか

乳幼児の子どもが多く感染します。溶連菌感染症は繰り返しかかることがあり、大人になっても感染します。

2_ 溶連菌感染症への対応

1 予防対策

患者の咳やくしゃみなどによって周囲の人に飛沫感染することがありますから、マスクをする、咳エチケットを守るなどが必要です。手洗いも励行します。家族内、特にきょうだいへの感染にも注意します。また、溶連菌に汚染された食器が感染の原因となることもあります。

2 溶連菌感染症の予防ワクチンについて

溶連菌感染症の予防ワクチンはありません。

溶連菌感染症

喉が痛い！
熱もある！
赤い発疹が出ることも（猩紅熱）。
喉の検査をしましたが溶連菌の感染ですお薬を出しますね
薬を飲むと熱も下がり、喉の痛みもとれてきます。でも、しっかり先生（医師）の言うとおりに5〜10日間薬を飲まないと…。
家族にうつしてしまうことも…。
しっかり飲まないと、リウマチ、腎炎など怖い合併症も
ごめんなさい！
特に妊婦は重症化しやすいため要注意

溶連菌感染症についてのお知らせ

溶連菌感染症は、A群溶血性レンサ球菌が原因の病気です。突然の発熱、咽頭炎や上気道感染、猩紅熱などを起こします。医師より感染のおそれがないとされるまで学校はお休みになります。

溶連菌感染症って、どんな病気？

2～5日の潜伏期の後、38℃以上の発熱と、喉の痛みなどの症状を伴い発症します。しばしば嘔吐もともないます。イチゴのようなぶつぶつのできる「苺舌」が見られることもあり、菌がつくる毒素で顔以外の全身に赤い発疹の出る「猩紅熱」となることもあります。

発熱や喉の痛みなど

「苺舌」が見られることも

合併症ではまれですが肺炎、髄膜炎、リウマチ熱、急性糸球体腎炎、敗血症などがありますので注意が必要です。
※喉が痛いときや食欲のないときは、のどごしの良いもの（ゼリー、ヨーグルトなど）や消化の良いもの（おかゆなど）を与えます。

溶連菌感染症はどうやってうつるの？

患者の咳などによる飛沫感染、菌が付着した手による接触感染でうつります。子どもが学校などで感染して発症し、家族内に広がるケースがよくみられます。

溶連菌感染症の予防は？

- 咳をしている人はマスクをします。またはティッシュやハンカチで口をおさえます。
- 急な咳、くしゃみは自分の腕で鼻、口を覆います。
- よく石けんで手洗いをして、流水で流します。

溶連菌感染症の治療は？

溶連菌感染症にワクチンはありません。咽頭からA群レンサ球菌が確認されると、抗菌薬の内服（ペニシリン等10日間）が処方されます。症状が治まっても医師の指示通りに抗菌薬を飲み続けることが必要です。抗菌薬での治療開始後、24時間程度で他の人に感染させないくらいまで菌数が減少するので、治療開始から24時間を過ぎて全身状態が良くなれば登校できます。ただし、治療の継続が必要です。医師の指示に従ってください。

抗菌薬を飲み始めて２～３日たっても熱が下がらない、喉の痛みも消えないような場合は、再受診してください。

流行性角結膜炎

【Epidemic keratoconjunctivitis】

結膜は、まぶたの裏と白目の表面を覆っている半透明の膜です。このように結膜は直接外界と接しているために、いろいろな病原体の感染を起こしやすい組織です。結膜がウイルス感染して起こるのがウイルス性結膜炎で、そのうちのひとつに「はやり目」と別名のある流行性角結膜炎があります。アデノウイルスの感染によって起こる病気ですが、他の人に感染させる力も強く、家族内感染の他、学校、職場、病院等での集団感染も起こる目の病気です。

【流行性角結膜炎】の法的な扱い

❶学校保健安全法

流行性角結膜炎は、「学校において予防すべき感染症（学校感染症）」では、「第三種」の感染症です。流行性角結膜炎は1〜2週間の期間、他者へ感染させる力があります。また、症状がなくなっても、感染力が残っている場合もあります。このため、医師から感染のおそれがなくなったと判断されるまで出席停止となります。

❷感染症の予防及び感染症の患者に対する医療に関する法律

流行性角結膜炎は、五類感染症で、全国約700か所の眼科定点医療機関から週ごとに発生報告が届け出されます。

1_流行性角結膜炎とは

❶ 病原体

流行性角結膜炎は、主としてはアデノウイルスの8型で、また19型、37型、54型などの感染によって起こります。

❷ 流行性角結膜炎の症状

潜伏期間は２〜14日間（約１週間）です。急にまぶたが腫れて、涙が流れます。目やに、涙目、結膜の充血等が起こり、耳前リンパ節が腫脹して、ひどい場合には角膜（黒目）に炎症が及び、小さな濁りが残ることがあります。細菌感染を合併すると視力の低下を残すことがあるため、眼科を受診するようにしてください。なお、通常、発症してから１週間が症状の強い時期で、徐々に改善してきます。

治療については、特効薬はありませんが、炎症をおさえ、細菌の混合感染を予防するための点眼薬を使用します。

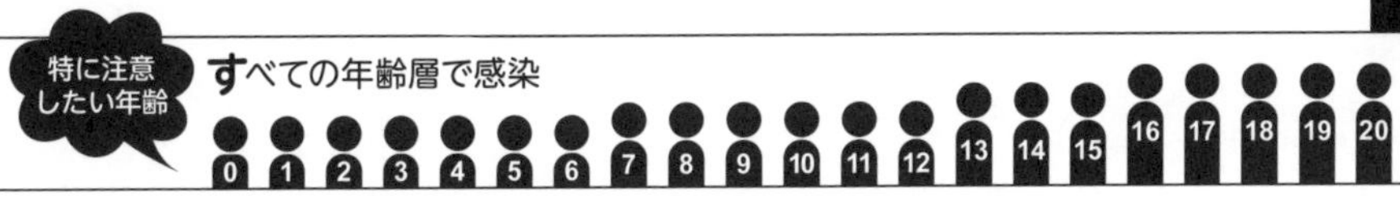
特に注意したい年齢
すべての年齢層で感染
0 1 2 3 4 5 6 7 8 9 10 11 12 13 14 15 16 17 18 19 20

3 感染経路

流行性角結膜炎の目をこすった手やティッシュ、ハンカチ、タオルなどに原因ウイルスが付着して、感染を拡げます。感染力は強く、最初の症状は片方の目だけでも、数日内にもう一方の目に感染してしまうことが多くあります。

流行性角結膜炎が治っても、アデノウイルスは1か月くらい便の中に出てきます。そのため、学校の登校を再開しても、排便後の手洗いを十分にする必要があります。保育所では、おむつの便の処理や職員の手洗いに注意を怠らないようにしなければなりません。

塩素消毒の不十分なプールの水での感染にも注意すべきです。

4 どんな人が感染しやすいのか

すべての年齢層で感染します。学校だけでなく、職場での集団感染もあります。

2_流行性角結膜炎への対応

1 予防対策

目をこすった手や目やにをぬぐったティッシュ、涙をふいたハンカチなどには、原因ウイルスが付着していて感染源になります。手洗いを励行し、目やその周囲に使用するものは、ティッシュやペーパータオルなど使い捨てのものを使い、タオルなどは共用しないことが大切です。

プールの水の塩素消毒をきちんと行い、プール前後のシャワーを励行させます。ウイルスは便中に1か月程度排泄されるので、手洗いを励行します。

咽頭結膜熱（プール熱）と同じアデノウイルス感染症の一つです。結膜炎の原因にはアデノウイルス以外にエンテロウイルス、インフルエンザ菌、肺炎球菌、クラミジアなどもあります。

2 流行性角結膜炎のワクチンについて

流行性角結膜炎のワクチンはありません。

流行性角結膜炎

はやり目はウイルス感染症です。感染力が強く、ときに幼稚園、学校等で大流行！
目を触った手にもウイルスがいっぱい
手洗いは普段の倍の時間をかけて！
石けんで念入りに洗ってしっかり洗い流そう
ふいたタオルにもウイルスがいっぱい！ 共用しないで！
だから学校へは感染するおそれがなくなるまで出席停止になるのです
医師から感染のおそれがなくなったと判断されるまで、登校できません

流行性角結膜炎についてのお知らせ

流行性角結膜炎は、アデノウイルスの感染によって起こる病気で、感染力が非常に強いため“はやり目”という名前でもよばれます。感染を拡大しないよう注意してください。

流行性角結膜炎をうつさないために…

流行性角結膜炎になってしまったら、周囲の人にうつさないための配慮が必要です。以下のようなことに注意してください。

結膜が充血し、涙が出て、目やにも出ます。不必要に目を触ることをしないよう注意します。

目を触ると手にたくさんの原因ウイルスがつきます。石けんでよく洗い、使い捨てのペーパータオルでふいてください。

タオルの共用はしないでください。家族とも別のものを用意してください。

眼科医院を受診して、細菌の二次感染に十分注意します。

学校保健安全法の取り扱いについて

流行性角結膜炎は、学校保健安全法で第三種の感染症に指定されています。医師により感染のおそれがなくなったと判断されるまで出席停止になります。その間、欠席扱いにはなりませんので、ご家庭でしっかりと休養させてください。

流行性耳下腺炎（おたふくかぜ）

【Mumps】

おたふくかぜともよばれる流行性耳下腺炎は、耳下腺などの唾液腺が腫れ、痛みと発熱を伴う感染症です。通常は1～2週間で治りますが、合併症として無菌性髄膜炎や難聴などの危険性のある疾患です。幼児や児童で感染者が多く、小学校や幼稚園、保育所でしばしば集団発生があります。予防ワクチンはありますが、定期接種となっていないため、接種率が低く、4～5年の周期で流行が起こっています。

【流行性耳下腺炎】の法的な扱い

❶学校保健安全法

流行性耳下腺炎は、「学校において予防すべき感染症（学校感染症）」では、「第二種」の感染症です。出席停止の期間は、耳下腺、顎下腺または舌下腺の腫れが現れてから、5日間を経過して全身状態が良くなるまでです。医師が感染のおそれがないと認めた場合にはこの限りではありません。

❷感染症の予防及び感染症の患者に対する医療に関する法律

流行性耳下腺炎は、五類感染症で、全国約3000か所の小児科定点医療機関から週ごとに発生報告が届け出されます。

1_流行性耳下腺炎（おたふくかぜ）とは

❶ 病原体

流行性耳下腺炎は、ムンプスウイルスの感染によって起こります。

❷ 流行性耳下腺炎（おたふくかぜ）の症状

流行性耳下腺炎では、ウイルスの暴露を受けてから発症までは、主に16～18日（12～25日）の潜伏期間があります。この潜伏期の後に両側の耳下腺や顎下腺などの唾液腺が腫れ、痛みを伴い、熱が出ます。感染した人の3割程度は症状を示さない不顕性感染です。通常、1～2週間で治ります。しかし、いろいろな合併症を起こす場合があり注意が必要です。

髄膜炎、髄膜脳炎、難聴、精巣炎、卵巣炎、膵炎などの合併症があります。流行性耳下腺炎となった患者の10～100人に1人が髄膜炎を合併し、入院治療を必要とします。3000～5000人に1人が急性脳炎を併発します。成人患者では入院を要する症例が比較的多く、小児より重症化する傾向が認められます。

特に注意したい年齢　**10歳未満**（6歳未満で患者の6割）

0 1 2 3 4 5 6 7 8 9 10 11 12 13 14 15 16 17 18 19 20

合併症の中でも難聴（ムンプス難聴）は、患者の500〜1000人に1人に認められています。日本でも流行年には年間700〜2300人がこの病気で難聴となっていると考えられます。ほとんどは片側性の高度感音性難聴ですが、片側性難聴は小児では気づきにくく、遅れて診断されることが多いです。

ムンプスは子ども時代に聴力を失う主要原因の一つ。約80%が片側のみです。小児耳鼻咽喉科医がムンプスの流行を知るのは、「ムンプス難聴」の子どもを診断したときだそうです。

③ 感染経路

ムンプスウイルスは飛沫感染、接触感染で感染します。1人の患者から二次感染させる平均的な数が、感染伝播のしやすさの指標とされます（基本再生数R０）が、ムンプスウイルスは４〜７で、感染力の強い病気です。

潜伏期は16〜18日（２〜３週）で、この期間の発症する数日前から、外にウイルスを排出して他者に感染させる可能性が出てきます。特に耳下腺などの腫れる１〜２日前から腫脹５日後までが、もっともウイルス排出量が多く、他者への感染の可能性が高い時期となります。一方で、感染者の３割程度は、感染していても症状を呈さない不顕性感染で、感染に気がつかないままにウイルスを排泄して感染源となります。これらのことから、学校、教室内での感染防止が難しい疾患です。

唾液からは症状の出る７日前から出現後５日頃までウイルスが分離され、抗体価の上昇とともに診断方法となります。

予防ワクチンもありますが、任意接種であり接種率も高くないため、流行がくり返されています。約４年周期で大きな流行があり、近年では2001〜2002年、2005〜2006年、2010〜2011年、2016年に流行しました。

④ どんな人が感染しやすいのか

６歳未満で患者の６割を、10歳未満で９割を占めますが、０〜１歳の患者は少ないです。近年では10歳以上も増えている傾向があります。

2_流行性耳下腺炎（おたふくかぜ）への対応

① 流行性耳下腺炎（おたふくかぜ）のワクチンについて

予防ワクチンはありますが、先進国で日本のみが任意接種となっ

日本小児科学会は、1歳と小学校入学前の2回、任意接種を勧めています。

ています。世界では117か国がおたふくかぜワクチンを定期接種とし、2回接種が110か国、1回接種が7か国です。1回接種と2回接種では、2回接種のほうが効果は高く、WHOは2回接種を推奨しています。

ワクチンの有効性について、接種後に抗体価を測定した結果では、90％前後が有効なレベルの抗体価の上昇があったと報告されています。効果的に予防するには、ワクチンの接種が唯一の有効な方法です。なお、患者と接触した場合の緊急的なワクチンの接種は、発症の阻止は困難であるとされていますが、集団における二次感染以降の流行を抑制できます。

ワクチンの副反応については、接種後2週間程度で、軽い耳下腺の腫れや微熱が数％にみられます。また、国産のムンプスワクチンでは、2000〜2500人に1人の頻度で、無菌性髄膜炎が報告されています。自然感染をした場合の無菌性髄膜炎の頻度よりはるかに頻度は低くなりますが、ゼロではありません。

現在のところ、有効な予防手段はワクチンしかなく、1歳以上で集団生活に入る前に2回接種することが望ましいと考えられます。

流行性耳下腺炎（おたふくかぜ）

①
おたふくかぜ発生！
発症したら　学校は
出席停止です
②
おたふくかぜ患者と
接触した後で
ワクチンを接種しても
発症を予防できるとは
限りませんが
二次感染を防ぐために接種
してもよいでしょう
③
任意ですが　1歳から
おたふくかぜのワクチンを
打って予防することができ
ます　よく相談してね
④
おたふくかぜは
海外留学のときに
接種記録が必要です
日本でも多くの子どもが
かかっています
おたふくかぜの合併症に
難聴があり　なかなか
聴力が回復しません

流行性耳下腺炎（おたふくかぜ）についてのお知らせ

流行性耳下腺炎（おたふくかぜ）は、飛沫感染や接触感染で、人から人へうつり、小学校や幼稚園、保育所などで流行しやすい病気です。感染すると２～３週間の潜伏期をへて発熱して、耳やあごの下が腫れて痛くなるなどの症状がみられます。

流行性耳下腺炎（おたふくかぜ）ってどんな病気？

流行性耳下腺炎（おたふくかぜ）は、ムンプスウイルスの感染によって起こる病気で、日本でも年間で多くの人が感染しています。両耳の下や顎の下が腫れて痛くなり、およそ7～10日で治ります。合併症として多いのは髄膜炎で、大人になってかかると、精巣炎、卵巣炎、乳腺炎、膵炎になることもあります。まれに脳炎になることもあります。難聴やめまいを起こすこともあります。

どうやってうつるの？

➔ 感染者からの飛沫による感染

学校保健安全法では、第二種の感染症と定められており、耳下腺の腫れが出てから５日間を経過し、全身の状態が良くなるまで出席停止となります。出席停止期間は欠席扱いにはなりませんので、ご家庭でしっかり休養させてください。登校の時期については、かかりつけの医師とご相談ください。

流行性耳下腺炎（おたふくかぜ）の予防は？

流行性耳下腺炎（おたふくかぜ）には、ワクチンがあります。任意（本人の希望）で受けるワクチンで、１歳から接種できます。２回接種が勧められています。接種については、有効性と副反応の説明を受けるなど、医師と相談して決めてください。

おたふくかぜ患者と接触した後でワクチンを接種しても発症を予防できるとは限りませんが、二次感染を防ぐために接種してもよいでしょう。

ロタウイルス感染症（感染性胃腸炎）

【Rotavirus infection】

私ロタちゃん
うんちの中に
いっぱい
出てくるの
1グラム中
1兆個

ロタウイルス感染症は、流行性の嘔吐下痢症でロタウイルスの感染によって起こります。乳幼児期にほんどすべての子どもが感染しますので、幼稚園、保育所の現場で問題となります。日本でも、年間80万人程度のロタウイルス感染者が発生していると推計され、15〜43人に1人の割合で入院治療となっています。日本国内では毎年2〜18人のロタウイルス性腸炎の死亡例が報告されています。

【ロタウイルス感染症】の法的な扱い

❶学校保健安全法

ロタウイルス感染症は、「学校において予防すべき感染症（学校感染症）」では、「その他」の感染症（第三種の感染症として扱う場合もある）です。感染性胃腸炎に含まれます。嘔吐、下痢などの症状が良くなり、食事が食べられるようになれば登校、登園は可能です。

❷感染症の予防及び感染症の患者に対する医療に関する法律

ロタウイルス感染症は五類感染症で、全国約500か所の基幹定点医療機関から週ごとに発生報告が届け出されます。

1_ロタウイルス感染症とは

❶ 病原体

病原体はロタウイルスです。直径が70nm（0.00007mm）です。電子顕微鏡では、ロタウイルスはちょうど車輪のような形に見えます。車輪はラテン語ではロタというため、ロタウイルスと命名されました。

ロタウイルスはさまざまな血清型と遺伝子型がありますが、それらの遺伝型の異なるウイルスに感染して獲得した免疫でも交差免疫が成立します。その交差免疫の防御効果で、初感染以降の再感染のくり返しによって、症状は軽くなっていきます。乳幼児で初感染の場合は激しい症状が出ることが多いのですが、年長児以降の再感染では症状が軽くなり、不顕性感染が多くなるのはこのためです。

交差免疫とは、一つの病原体に対する免疫が、類似した別の病原体にも有効に働く仕組みのことです。

ロタウイルスの特徴は、乾燥や温度変化などの環境下でも強いことです。そこで消毒が重要になるのですが、2％次亜塩素酸ナトリウム（塩素系漂白剤）、グルタルアルデヒドなどが有効とされています。熱による消毒では、熱湯による消毒または50℃以上で30分の加熱が必要とされます。

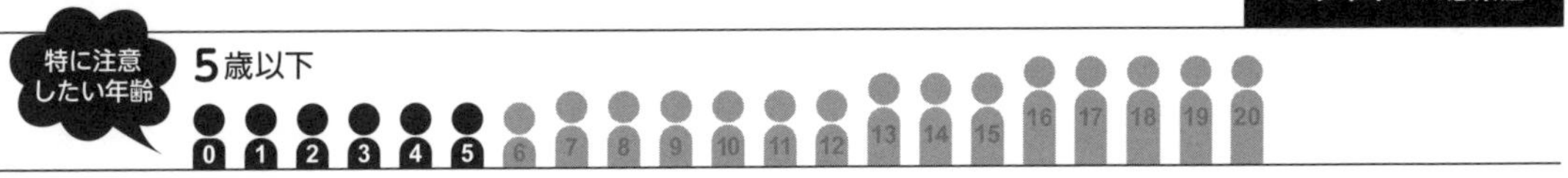
特に注意したい年齢
5歳以下
0
1
2
3
4
5
6
7
8
9
10
11
12
13
14
15
16
17
18
19
20

❷ ロタウイルス感染症の症状

乳幼児の急性重症胃腸炎の主な原因です。口から入ったロタウイルスは、小腸の粘膜上で増殖し、小腸の水分再吸収を阻害して下痢を起こします。1～3日の潜伏期間をへて、まず、嘔吐から始まり、水のような下痢と嘔吐が3～8日続きます。39℃以上の発熱、腹痛などもよくみられます。ロタウイルス感染症の便では、米のとぎ汁のような白色便が出ることもあります。

下痢や嘔吐、発熱の症状があることから、特に脱水にならないように注意します。通常の場合は、1週間程度で自然治癒しますが、脱水がひどくなると痙攣や、電解質異常となることもあり、ときに亡くなる子どもも出ます。一方で、症状を出さない不顕性感染の小児もいます。しかしながら、このような場合でも便中には大量のロタウイルスが排泄されており、感染源となることがあります。高熱でなくても痙攣を起こすことがあり、まれに腸重積症を合併します。さらには脳炎、脳症を併発することもあり、その場合は38%に後遺症を残して予後不良です。

なお、医療機関では、臨床的な症状や周囲の感染状況でロタウイルス感染症の診断がなされるほか、診断のため20分程度の迅速診断検査を用いる場合もあります。

❸ 感染経路

患者の糞便中に排泄されたロタウイルスが、手によって、直接、口に運ばれて感染します。ロタウイルス感染者の下痢便には、1gあたり、1000億から1兆個もの感染性のロタウイルスが含まれています。人は10～100個程度の少数のロタウイルスで感染が成立するなど、ロタウイルスは非常に感染力が強いのです。ウイルスに汚染された手で触ったドアノブや手すり等を介して、それに触れた手で口に入る間接感染もあります。

また、おむつ替えなどで患者の糞便を処理した後に、手洗いを行っても、爪の中や手の皺に数億以上のロタウイルスが残留していることがあり、このような汚染された手から感染が拡大します。ロタウイルスの付着した食品や汚染された水を飲食することで、感染が拡がったケースもあります。

ロタウイルス胃腸炎はノロウイルス胃腸炎に比べて症状が重い傾向があります。乳幼児は激しい嘔吐と頻回の水様性の下痢によって容易に脱水を起こします。嘔吐の時期を経口補水液などでうまく乗り切ることが大切です。

ロタウイルス感染症は、下痢症状の出る前から下痢の止まった後も、2、3週程度はウイルスが排泄されて感染源になります。感染者は12月頃から増え始め、3～4月頃にピークを迎えて、初夏に減少します。しかしワクチンの導入によって、今後流行疫学が大きく変化するものと思われます。

4 どんな人が感染しやすいのか

5歳以下の乳幼児が感染の中心です。6か月から2歳までが感染年齢のピークです。1回の感染では免疫が不完全のため、再感染を起こします。また、成人や高齢者も感染することがあります。年長者や成人は、軽く済むか症状を出さないで済むことが多いようですが、小児を看護するなどした成人もよく感染するので注意が必要です。

2_ロタウイルス感染症への対応

1 予防対策

子どもには十分な手洗いをするように指導します。正しい手洗いの仕方については、p.33などの「配布資料」に掲載した手洗いの仕方を参照してください。また、学校内、園内の子どもたちがよく手を触れる場所（ドアノブ、パソコンのマウス、手すりなど）を次亜塩素酸ナトリウム溶液で消毒し、その後ふき取ります。共用のおもちゃを子どもがなめることで、ロタウイルスに感染することもありますので、こまめに消毒、ふき取りをします。感染性胃腸炎が流行し始めたら、保護者にお知らせを配布して情報を提供します。子どもが嘔吐下痢を起こした場合には、速やかに医療機関を受診してほしいことを伝えましょう。

2 吐しゃ物等の処理について

嘔吐物や便中には感染源のロタウイルスが大量に存在します。教室、保育室でのロタウイルス感染症の患者の吐しゃ物処理の場合は、①窓を開けて換気をしながら、②使い捨てのビニール手袋、マスクをして、③希釈した次亜塩素酸ナトリウム溶液に浸したタオルでふき取り、④ビニール袋に使用したタオルも一緒に入れて捨てます。おむつ交換のときも使い捨て手袋を着用し、ビニール袋に、おむつ、処理に使ったティッシュ、手袋を入れ、密閉して捨ててください。

❸ ロタウイルス感染症の予防ワクチンについて

ロタウイルス感染症の予防ワクチンは、わが国では2011年より市販されており、2020年10月１日から定期接種になりました。１価ワクチンのロタリックス®は、生後６～24週の間に２回接種します。５価ワクチンのロタテック®は、生後６～34週の間に３回の接種です。接種の間隔は、接種から中27日（４週間）です。両方のワクチンとも飲むタイプの生ワクチンです。腸重積症の合併を少なくするために、１回目の接種は、生後14週６日までに受けることが推奨されています（厚生労働省）。

ロタウイルス感染症　水分の補給にORS（経口補水液）は大切！

大変！ 子どもが腹痛・嘔吐！
1
ロタウイルスですね 小さいお子さんは 脱水に特に 気をつけてください
経口補水液が 吸収にいいんです
経口補水液？
2
経口補水液（=ORS）
湯ざまし …1ℓ
砂糖 …40g
塩 …3g
自宅でつくれるけど 薬局でも売っています
3
ティースプーンで少しずつ飲もうね！
熱中症予防にもORSはいいよ！
4

ロタウイルス感染症（感染性胃腸炎）についてのお知らせ

ロタウイルス感染症は、ロタウイルスの感染によって起こる流行性の嘔吐下痢症です。冬から春にかけて流行しやすい感染症で、特に幼稚園や保育所では注意が必要です。

口から入ったロタウイルスは小腸で増えて下痢を起こします。潜伏期間は１〜３日で、まず嘔吐から始まり、水のような下痢が３〜８日続きます。発症後は脱水症に注意が必要です。嘔吐や下痢などの症状がおさまり、食事が食べられるようになれば登校、登園が可能です。お子さんの状態に十分注意を払い、感染の徴候がみられた場合には、速やかに医療機関への受診をお願いいたします。

受診の目安

- ☑ 元気がなく、ぐったりしている。
- ☑ おしっこの回数が少ない、または出ない。
- ☑ 嘔吐がある。
- ☑ 腹痛を訴える。
- ☑ 唇が乾燥している。
- ☑ 38℃以上の発熱がある。
- ☑ 血便や水様便が続いている。

注意ポイント

うんちも確認してください！

ロタウイルス胃腸炎の便は、米のとぎ汁様の水様便が特徴ですが、実際には軟便〜水様便、色も白色〜黄色まで様々です。

ロタウイルスに感染したら…

ロタウイルスに有効な抗ウイルス薬はありません。水分補給をし、消化の良い食事をとるようにします。嘔吐や下痢がひどいと脱水になることがあります。

まれにけいれんや脳症を起こすことがあり、場合によっては命にかかわることもありますので、治療については、主治医の指示に従うようにお願いいたします。

手洗い

手洗いをよくしてください。特に嘔吐や下痢の始末の後は念入りにしてください。

消毒

嘔吐の後の床や便のついたおむつ、下着は、塩素系漂白剤を使用し、よく消毒してから片づけましょう。

経口補水液（ORS）で水分補給を！

吐き気がある間は、少しずつ水分補給をしましょう。水分補給が難しいときには、ティースプーン1杯程度のORSを数分おきに与えてください。これを、脱水症予防の経口補水療法といいます。それでも嘔吐が続いたり、脱水が進めば、医療機関で点滴を受けます。

＼ORSの作り方／

白湯（湯ざまし）や番茶に砂糖と塩を以下の量でまぜてつくることができます（市販のものもあります）。

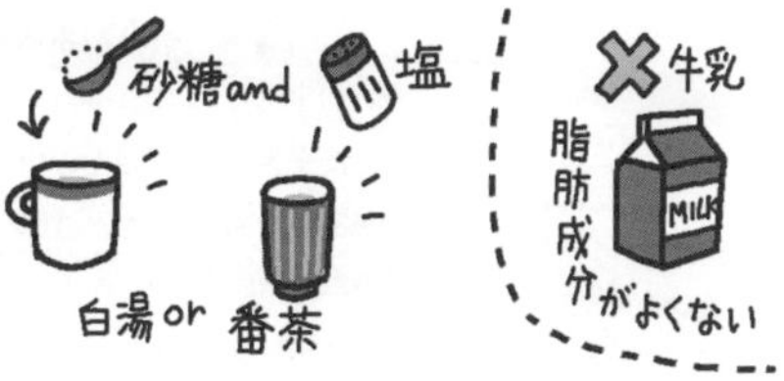

白湯や番茶1ℓ＋砂糖40 g＋塩3g

予防ワクチン

ロタウイルスの予防ワクチンは、2020年10月1日から定期接種になりました。飲むタイプの生ワクチンです。乳児期にのみ接種します。

参考文献

- 日本感染症学会編：感染症専門医テキスト改訂第 2 版 第 1 部解説編，南江堂，2017
- 岡部信彦編：小児感染症学改訂第 2 版，診断と治療社，2011
- 日本小児感染症学会編：日常診療に役立つ小児感染症マニュアル 2017，東京医学社，2017
- 日本小児感染症学会編：小児感染免疫学，朝倉書店，2020
- 米国小児科学会編：最新感染症ガイド R-Book2015，日本版 Red Book（監修岡部信彦），日本小児医事出版社，2016
- 河野茂他監修、岩田敏他編：感染症診療 update.，日本医師会雑誌 143 巻・特別号（2），2014
- 日本学校保健会編：学校において予防すべき感染症の解説，2018
- 日本小児科学会　予防接種・感染対策委員会編：学校、幼稚園、保育所において予防すべき感染症の解説，2021，http://www.jpeds.or.jp/uploads/files/yobo_kansensho_20180726.pdf
- 日本感染症学会・化学療法学会編：JAID/JSC 感染症治療ガイド 2019
- 文部科学省 web site，http://www.mext.go.jp/
- 厚生労働省 web site，http://www.mhlw.go.jp/
- 国立感染症研究所 web site，http://www.nih.go.jp/niid/ja/from-idsc.html
- 厚生労働省：保育所における感染症対策ガイドライン，2021
- 新型コロナウイルス感染症 COVID-19 診療の手引（第 5 版）
- 岡田晴恵：どうする !?　新型コロナ，岩波書店，2020
- 岡田晴恵：最新知見で新型コロナとたたかう，岩波書店，2020
- 岡田晴恵：知っておきたい感染症【新版】新型コロナと 21 世紀型パンデミック，筑摩書房，2020
- 岡田晴恵：まんがで学ぶ！　新型コロナ知る知るスクール，2020
- 岡田晴恵：新型コロナ自宅療養完全マニュアル，実業之日本社，2020

あとがき

本書『学校の感染症対策』第1版を出版しましたのは、2015年の春でした。日々、学校現場でさまざまな問題に対応しなければならない先生方の、忙しい業務の助けになればと思ったのが執筆のきっかけでした。本書を出してから、養護教諭の先生方の研修会を中心に学校感染症に関わるいろいろな勉強会にお声掛けをいただけるようになり、そこでまた私が多くを学ぶことができました。これは、本当に幸いなことです。この度、それらの新たな経験と学びを生かし、さらに法律やガイドラインの改訂・改正の内容や新知見を反映させて、本書の第2版を出すことができました。ほっと安堵する思いと皆様への感謝の気持ちでいっぱいです。

今、私は子どもたちへ感染症という病気やその予防を教える取り組みである感染症教育をテーマのひとつとしています。それは健康教育であったり、理科教育の分野であったりしますが、その取り組みのひとつとして「感染症カレンダー・うつる病気の秘密のカレンダー」（白鷗大学岡田ゼミで作成し白鷗大学が700部を無償配布しています）や「感染症カルタ」（岡田の自費出版　奥野かるた店）を作り、学校での実践を試みています。これらの取り組みも『学校の感染症対策』の出版への思いや意志と通じるものがあります。感染症は知識をもっていれば感染を予防して身を守ることもできますし、正しく対応できれば重症化を防ぐこともできます。そのような知識を得られる機会が増えることを願い、また本書の“お便り”がご家庭で役立ってほしいと思っています。

本書を執筆するにあたり、マダニが媒介する感染症の第一人者であり「日本紅斑熱」を発見した徳島県阿南市の馬原医院・馬原文彦先生、皮膚科専門医として新都心皮フ科クリニック院長の五十嵐努先生にご指導を賜りました。深く御礼を申し上げます。また、本書の編集を担当していただきました東山書房の山本敬一氏にも感謝致します。

そして、福岡市立心身障がい福祉センター長・小児科医の宮崎千明先生には御監修をいただき、たくさんのご指導を賜りました。ここに深く感謝を申し上げるとともに心より御礼を申し上げます。私が初めて本を出しましたのは、2003年12月の岩波新書『感染症とたたかう』でございましたが、その元となる岩波『科学』や『世界』の執筆の頃からずっと私を指導・教育してくださいました。宮崎先生のいらした西部療育センターへ教えをいただきに通った道が、私の執筆活動の原点です。先生のご指導がなければ、今日の私は存在しておりませんでした。心より感謝申し上げております。

養護教諭の皆さまと共に学校感染症とたたかうという思いをもって『学校の感染症対策』第2版を世に送り出したいと思います。本書が末永く、皆様の役に立ってくれることを願ってやみません。

2019年3月

白鷗大学教育学部教授　岡田晴恵

本書付録の CD-ROM について

付録の CD-ROM には、本書に掲載した各感染症対策の保護者向け「配布資料」が、PDF と JPEG の２種類の形式にて収録されています。学校で行う感染症対策の一環としてご活用ください。

ファイル名について

２ページが１枚になっている資料のファイル名には、各感染症名の後に _2p と付いています（A3 サイズ）。

ファイル名：結核 _2p

１ページごとの資料のファイル名には、各感染症名の後に _1p と付いています（A4 サイズ）。

結核 _1p_01

結核 _1p_02

【動作環境】

本 CD-ROM は、Windows8 を搭載したパソコンで動作確認済みです。また PDF ファイルを利用するには、Adobe Reader ／ Adobe Acrobat が、ご使用のパソコンにインストールされていることが必要です。

※ Adobe Reader は、アドビシステムズ社のホームページ（http://www.adobe.com/jp/）から無償でダウンロードできます。

【ご使用にあたって】

CD-ROM に収録されたデータは、非営利の場合のみ使用できます。但し、下記の禁止事項に該当する行為は禁じます。なお CD-ROM に収録されたデータの著作権、また使用を許諾する権利は、本書著者・株式会社東山書房が有するものとします。

禁止事項

- 本商品に含まれているデータを本製品から分離または複製して、独立の取引対象として販売、賃貸、無償配布、貸与などをしたり、インターネットのホームページなどの公衆送信を利用して頒布（販売、賃貸、無料配布、貸与など）することは営利・非営利を問わず禁止いたします。また、本製品販売の妨げになるような使用、公序良俗に反する目的での使用や名誉毀損、その他の法律に反する使用はできません。
- 以上のいずれかに違反された場合、弊社はいつでも使用を差し止めることができるものとします。

免責

- 弊社は、本製品に関して如何なる保証も行いません。本製品の製造上の物理的な欠陥については、良品との交換以外の要求には応じられません。
- 本製品を使用した場合に発生した如何なる障害および事故等について、弊社は一切責任を負わないものとさせていただきます。
- CD-ROM が入った袋を開封した場合には、上記内容等を承諾したものと判断させていただきます。

監修者略歴
宮崎千明（みやざき・ちあき）
福岡市社会福祉事業団医療主幹。医学博士。専門は小児科、予防接種、障害児療育。
九州大学医学部卒業。福岡市立こども病院・感染症センター、九州大学病院小児科、福岡市立西部療育センター、福岡市立心身障がい福祉センター等を経て現職。厚生労働省の予防接種関連の委員を歴任。著書に『ワクチン　基礎から臨床まで』（共著、朝倉書店、2018）、『日常診療に役立つ小児感染症マニュアル 2017』（共著、東京医学社、2017）、『100 症例に学ぶ小児診療』（共著、日経 BP 社、2017）、『まるわかりワクチン Q&A　3 版』（共著、日本医事新報社、2021）、『感染症専門医テキスト改訂第 2 版 第 1 部解説編』（共著、南江堂、2017）、『別冊医学のあゆみ 小児用ワクチン UPDATE2017』（医歯薬出版、2017）、『子どもの予防接種』（共著、診断と治療社、2020）など多数。

著者略歴
岡田晴恵（おかだ・はるえ）
白鷗大学教育学部教授。共立薬科大学（現慶應義塾大学薬学部）大学院修士課程修了、順天堂大学大学院医学研究科博士課程中退。ドイツ・マールブルク大学医学部ウイルス学研究所留学（アレクサンダー・フォン・フンボルト奨励研究員）、国立感染症研究所研究員、日本経団連 21 世紀政策研究所シニア・アソシエイトなどを経て現職。医学博士。専門は、感染免疫学、公衆衛生学。著書に、『感染症キャラクター図鑑』『どっちを選ぶ？クイズで学ぶ！感染症サバイバル（全 3 巻）』（日本図書センター）、『怖くて眠れなくなる感染症』（PHP 研究所）、『正しく怖がる感染症』『知っておきたい感染症』（筑摩書房）、『感染症とたたかった科学者たち』（岩崎書店）、『うつる病気のひみつがわかる絵本シリーズ（全 5 巻）』（ポプラ社）、『病いと癒しの人間史』（日本評論社）、『どうする⁉　新型コロナ』『最新知見で新型コロナとたたかう』（岩波書店）、『なぜ？どうして？子どもと大人の疑問に答える　新型コロナウイルスハンドブック』（金の星社）、『新型コロナ自宅療養完全マニュアル』（実業之日本社）、『災害がくる前に　教えてはるえ先生！　感染しないひなん所生活　新型コロナウイルスとこわい感染症から身をまもろう！』（フレーベル館）ほか多数。

装幀／小川恵子　　本文デザイン／優希秋人　　イラスト／トォーリャー
イラスト原案／岡田晴恵、オカダマキ、白鷗大学岡田ゼミナール（学校感染症の対処法と予防教育を研究）

学校の感染症対策　改訂増補版

2015 年 3 月 13 日　初版第一刷発行
2019 年 3 月 28 日　改訂版第一刷発行
2021 年 11 月 24 日　改訂増補版第一刷発行

著　者　　岡田晴恵

発行者　　山本敬一

発行所　　株式会社 東山書房
〒 604-8454 京都市中京区西ノ京小堀池町 8-2
tel. 075-841-9278　fax. 075-822-0826
IP phone.050-3486-0489

〒 102-0073 東京都千代田区九段北 4-3-32-7F
tel. 03-5212-2260　fax. 03-5212-2261
IP phone. 050-3486-0494
http://www.higashiyama.co.jp

印刷所　　創栄図書印刷（株）

定価はカバーに表示してあります。
ISBN978-4-8278-1587-0
Printed in Japan

※本書は 2019 年 3 月に発行された『学校の感染症対策　改訂版』に
「新型コロナウイルス感染症」を加筆した増補版です。